| 中国式管理全集 |

最有效的激励艺术

曾仕强 著

北京联合出版公司

图书在版编目（CIP）数据
最有效的激励艺术 / 曾仕强著 .—北京：北京联合出版公司，2014.1
（中国式管理全集）

ISBN 978-7-5502-2247-2

Ⅰ . ①最…　Ⅱ . ①曾…　Ⅲ . ①企业管理－人事管理－激励－中国
Ⅳ . ① F279.23

中国版本图书馆 CIP 数据核字（2013）第 271094 号

最有效的激励艺术
作　　者：曾仕强
选题策划：北京时代光华图书有限公司
责任编辑：李　征
特约编辑：太井玉
封面设计：柏拉图
版式设计：柏拉图

北京联合出版公司出版
（北京市西城区德外大街 83 号楼 9 层　100088）
北京鹏润伟业印刷有限公司印刷　新华书店经销
字数 161 千字　787 毫米 ×1092 毫米　1/16　12.5 印张
2014 年 1 月第 1 版　2014 年 1 月第 1 次印刷
ISBN 978-7-5502-2247-2
定价：88.00 元

出版说明

经三十余载改革开放，中国已崛起为世界第二大经济体，中国道路、中国经验、中国模式，已成为世界热议的话题。从管理与文化的角度而言，中国式管理理论的问世，对中国企业和经济的发展，对中国管理界文化自信的提升，确有不可低估的贡献。就个人而言，中国式管理理论，对于中国人实现中国梦，乃是不可多得的裨助。

曾仕强教授深谙中国传统文化与西方管理学术，并具多年管理实务与管理顾问经验，学问渊深，世情洞达，自20世纪80年代首倡中国式管理，主张以中国管理哲学来妥善运用现代管理科学，以达成持续有效的管理。三十年来他不辞艰辛，奔走海峡两岸及世界各国，通过咨询、培训、讲座、著作及电视节目，逐步丰富、完善了中国式管理理论并广为传播，在海内外政、商、学各界引起强烈反响。二十四卷《中国式管理全集》首次面世，正是曾仕强先生中国式管理系统理论与系列方法的集中展示，是中国管理界与企业界的一大盛事，也是众多热心读者、学员翘首以盼的幸事。

我们认为，中国式管理是中国思维方式、伦理传统与西方管理科学融合的结晶，是一种基于传统和现实实践的理论创新。于国人而言，它是获得事业成就与圆满人生的一种利器；于国家而言，它是中华民族伟大复兴进程中一种可资有效运用的理论资源。我们期待，明道进德，持经达变，修己安人，和合群伦，会成为每一位中国管理者乃至每一个中国人的基本素养。倘能如此，则事业兴旺有日，家国梦想可期。

【中国式管理全集】

壹·现代化中国式管理

贰·中国式管理使用手册

叁·管理思维

肆·中道管理

伍·不管人只带心的领导

陆·易经管理的智慧

柒·管理就是修己安人

捌·在中国如何当领导

玖·变动时代中国企业怎么管

拾·用三国来管理

拾壹·三国管理智慧

拾贰·三国领导艺术

拾叁·领导的真功夫

拾肆·做最有效的总裁

拾伍·如何使中国人同心协力

拾陆·圆通的人际关系

拾柒·中国人你为什么爱生气

拾捌·管理真的很容易

拾玖·人性有弱点无缺点

贰拾·人伦关系课

贰壹·最有效的激励艺术

贰贰·被领导的艺术

贰叁·总裁最赏识的干部

贰肆·曾国藩识人用人之道

古人云：“经师易得，人师难求。”曾公仕强教授是我们这个时代的天人之师。

——钱文忠

目 录

第三章

中美日的激励文化

第四章

本事是激励的基础

第五章

本事的内涵

第六章

激励的两大因素

第七章

激励的维持因素

第八章

激励的激励因素

第九章

激励的经

序

人，最要紧的是自我激励。因为求人不如求已，自己激励自己，不但最方便，而且最为有效。

给自己一些掌声，不受时空的限制，不受任何人的约束，也不致引起其他人的眼红或不悦，岂非方便？

自己激励自己，不会产生不公平的愤怒，不必苦苦期待而导致失望。自己觉得满意就好，不满意时还可以随时增强激励，当然有效。

但是，人是群居的动物，必须和他人互动，才能获得满足。我们对他人的反应往往十分重视，因此对他人的激励也很在意。

没有激励，期待激励；有了激励，引发不平。

对自己来说，为什么给的这么少？同样的贡献，似乎别人获得的激励比较多。就算按照规定，也觉得这么多年没有调整激励水平，很不公平。如果隔年就调整，更令人产生强烈的不平之鸣，怀疑是不是因人设事，图利特定的人士。即使当时很高兴，不久也会变质。对他人而言，眼睛看着有人受奖，耳边响起给别人的掌声，除非得奖者平时对自己特别好，或者得奖后可能和自己分享，否则难免有一些酸酸的滋味。不一定是见不得人家好，至少会想自己为什么不是如此风光？

激励者和被激励者的心情，更是每一次都不相同。

对于熟悉的被激励者，激励者的表情，好像增强许多激励的分量；对于不熟悉的人，难免流于官样文章，形式上做做，精神的能量并没有灌入。对着摄影的镜头，却无视被激励者的模样，常常令人情何以堪！

初次接受激励，当然十分兴奋；次数多了，也就没有什么特别的感觉。和什么样的人同时接受激励，常常影响被激励者的心情：认为高攀时，固然与有荣焉；认为被贬低时，当然心生不屑——和这些人同台简直是丢脸。

这么复杂的变化，使得激励活像一把双刃剑：用得好很可能产生良好的效果；若是用得不好，也很可能伤害自己，弄得吃力不讨好，甚至引发相反的效果。

不激励不行，激励得不合理也不行。

偏偏合理不合理又十分难讲，因为公说公有理，婆说婆有理。听来听去，很难决定究竟谁比较合理。

应该激励的，才可以给予激励；不应该激励的，当然不可以给予激励。这种话谁都会讲，但是怎么听都听不清楚，非经一番历练，亲身有所体会不可，否则实在难以理解。何况立场不一样，就有不相同的主张，难以抉择。

好听的话，听多了就不爱听。这还没有关系，一旦听到不好听的话，就会恼羞成怒，造成很大的伤害。

这一本书，从激励的两难说起，让我们体会“激励不一定好，不激励也不好”的两难状态，提高警觉，才能保持激励应有的态度，也就是多方面兼顾，以求合理。唯有合理的激励，才值得做，也才有良好的效果。

欢迎各界先进朋友，不吝赐教，幸甚！

曾仕强
谨识于兴国管理学院

前 言

激励犹如无底洞。任凭企业激励、激励、再激励，员工的需要永远难以满足，永远用“缺乏激励”来做借口，不尽心、不尽力，只保持不会被开除的水准。

不公平是最好的挡箭牌。一切不满与怠工，都可以用“我认为不公平”来洗刷罪名。激励不公平，成为理直气壮的不平之鸣，使激励的负面效果遽然升高。

物质性的激励，无论是金钱或奖品，员工认为“不拿白不拿”，而且拿的时候的确有一些感激，不过时间相当短暂，不久就淡忘。然后依然故我，又松懈下来。精神性的激励，很容易被看成不费之惠，只是嘴巴说说，根本没有实际的利益。刚开始有新鲜感，也许有用，用久了，当然无效，有时还会引起相当的反感。

受激励的人，并非不知感激，而是转瞬就会忘记；未被激励的人，认为不公平，觉得自己十分委屈，于是怀恨在心，久久不能忘怀。

感激的人很快就忘记，怀恨的人恒久不能平静。这种组织气氛，怎么能够产生激励的效果？

再说，领导把不是激励的措施当作激励，下属不感激，就加以责怪。下属心里不感激，还要装出感激的样子，结果口是心非，自己都觉得滑稽，生起气来更是愤愤不得其平。

激励固然不是施恩，领导激励下属，不可心存有恩；激励也不是义务，领导激励下属，下属如果视同领导应尽的义务，请问会有什么反应？是不是不领情？或者不在乎？会不会要求愈来愈高，因此愈来愈觉得难以满足？

事实上，激励几乎是一种感应。领导以真诚的关心来激励下属，下属如果不能认知，就没有感应，因而等于没有激励；下属若是能够认知，便能产生感应，发挥激励的功效。

员工的认知，是激励有效的保证。任何措施，只要员工认为是一种激励，而且愿意接受，就会加倍努力把工作做好。但是，先决条件仍是员工必须明白，激励的目的不在士气高昂，不在大家一团和气，也不在众人奋发有为，而在自我调适，把力量朝向团体目标，做好应做的工作。

同时，员工最好建立共识，组织不可盲目激励。

第一，不宜激励时不可以激励。例如，打字员把字打好，原本是分内事，若是加以激励，就会养成不正常的观念，认为领薪水可以混日子，有激励才好好打字。打字员把字打好，本身就是一种激励，现在给予另外的激励，反而把原来的喜悦感降低了，误认为自己是为了被激励才好好打字，对打字员也是一种不好的措施。

第二，没有本事的人不可以激励，因为组织只能够激励有本事的人，以形成“有本事就来拿，拿不到怪自己”的风气。这种风气本身就带有相当的激励作用，可以降低若干激励的成本。

第三，要明白公平是不可能的，组织只能够公正地做到合理的不公平，几乎不能样样公平。大家要求样样公平，势必觉得样样不公平，因而抱怨、气愤，抵消了激励的效果。

激励不完全是激励者与被激励者两者之间的事，很容易牵涉第三者。一种相当简单的激励行为，就激励者与被激励者而言，原本彼此共鸣，并无不可。然而，第三者看在眼内，却完全不是味道，因而心生不满，趁机散布流言，使更多的人汇集成为灰心失望的一群，造成相当严重的反激励，实在得不偿失。

有明有暗，有个人有组织，有物质有精神，有一般也有特殊，由于个人立场不同，看法很难一致。所以，激励时如何兼顾，应该是不可忽视的课题。

中国人有一种乍听起来相当奇特的观点，那就是“公平根本不公平，不公平才是真的公平”。西方人认为“我有、你有、他有”，当然公平；中国人则常常以为“我有、你有、他也有”，这算什么公平？最好是“我有而别人没有”，这才算公平。请问为什么这样？答案很简单，竟然是“我做得比别人多”。

中国人对自己和对别人，大多采取双重标准。总觉得自己比别人认真，也有更多贡献，当然应该受到更多的激励。看到别人和自己一样，难免有一些泄气。

现代人喜欢说“能力”，是受到西方英雄主义的影响。中国人最好说“本事”，大家更为心悦诚服。

我们通常不崇拜英雄，却十分佩服有本事的人。

“有本事就来拿，拿不到不要怨别人”，对中国人来说，成为大家共同接受的激励原则。如果只重视能力而不注重本事，团体伦理丧失，整体士气低落，也是一种自作自受。组织文化必须以本事代替能力，大家才会重视伦理。各自表现得恰如其分，减少很多无谓的纷争。

激励的艺术，仍然是以不变应万变。虽然近代以来，许多人不断攻讦、否定、推翻、更改以不变应万变，但这是真正高明的智慧，我们仍将加以发扬光大。

不变的是激励的经，万变的是激励的权。懂得持经达权的激励者，就会秉持以不变应万变的原则，以不变的经来建立共识，当做不能够随便加以改变的激励原则，然后因人、因事、因时、因地而随机应变，表现出万变的激励方式，以求合理。

激励方式，有公开的，也有暗中进行的；有集体的，也有个人的；有物质的，也有精神的。但是，无论如何，都应该公私分明，不能够假公济私。有些人喜欢用公家的钱施个人的恩，表面上看起来很合算，说不定还可以从中牟利；实际上却祸患无穷，很快就会带来不良的报应。

就诱因而言，一般人可能过分强调金钱的重要性，因而设置许多以金钱鼓励员工的诱因制度。殊不知金钱固然是古老而可靠的激励工具，但是并没有想象中那么强而有力。对于某些从事生产工作的工人，群体的压力往往破坏了金钱诱因的力量。所以，我们除了金钱诱因之外，尚须考虑胁迫、操纵等诱因。

权威和操纵的诱因，常常纠缠在一起。中国人未必尊重权威，却很难不害怕权威。当我们把上级的权威打倒之后，我们会不会转而害怕非正式的权威或外来的权威呢？上级觉得自己的权威已经不像往昔那么可靠，会不会开始改变态度，依赖下属或者与下属建立较为亲密的关系，因而使下属有机可乘，反过来操纵上级呢？

可见，激励看起来简单，一句“关心他就好”便可以解决问题，而实际运作起来，实在不容易。我们在观念和原则方面，有很高的智慧。西方则在实际运作的方法上，建立了许多架构分明的理论。如何运用中国人的智慧善用西方的激励理论，使其行之有效，是我们努力的目标。

激励好比一把刀，有刀刃，也有刀背。用得好，很有助益；用得不好，说不定会伤及自己。本书所描述的虽然力求配合实际的情况，但是最主要的目的，仍在发挥“有本事就来拿”的精神，深深盼望“有本事的人能够出头”，建立“合理的不公平”，以促成真平等的理想能够早日实现。

激励是否公正？一向是被激励者最为关心的课题。对中国人而言，不必口头宣示自己的秉持公正，大家便已经心知肚明，想瞒过大家的眼睛，实在很难。激励者最好坚持公正心态，再说其他，通常更加有效。

激 励 的 两 难

激励是大家公认的驱策力，
也是众人愤愤不平的主要来源。

为什么士气低落？因为缺乏激励。
又为什么气愤？由于激励得不公平。

不激励，大家懒得动，
就算动起来，也不会尽心尽力。

有了激励措施，大家明争暗斗，
真的假的效果都有，分不清楚，自然不公平。

激励不好，不激励还是不好。
两难必须兼顾，才能做到合理的激励。

两难、兼顾、合理六字真诀，
在为人、处事、管理上可以通用。

到底是激励还是不激励

员工不想好好表现的原因，主要在于缺乏适当的激励。对管理者而言，激励即使不是一句口头禅，也往往由于误解激励而采用了无效的方式（如图1–1）。

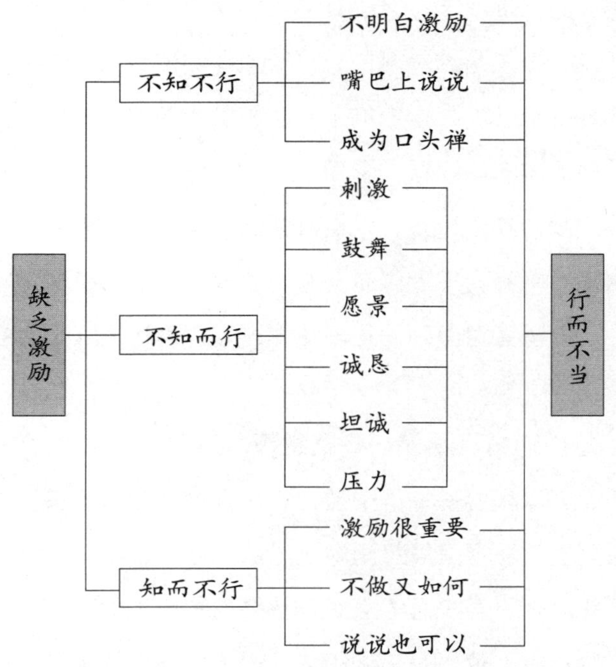

图1–1　不激励就不好好表现

管理者不了解激励的真义，不能够深入探讨激励的本质，只是嘴巴上说说，却缺乏真正有效的措施。这种空口说白话的激励，实际上不能激励员工好好地表现。

有些人认为刺激、鼓舞或开一些空头支票来描述未来的愿景，便等于激励；有些人以为诚恳或坦诚就是激励，于是把这些与激励有关的东西当作激励本身来看待，结果当然收不到激励的效果；更有些人用施加压力来激励，短暂地提高绩效，便自以为得计，时间一久，也就失去效用。

当然，也有些人知而不行，认为不激励又如何？不料缺乏激励，员工便不好好表现，以致绩效不佳。

员工表现得好不好，相关的因素有很多，包括员工本人的价值观和人生观，这些都可能对其产生很大的影响。但是，一般来说，管理者的态度占有最大的比重。

换句话说，员工是否表现良好，管理者应该负起重大的责任，并不是把责任统统推给员工、指责员工，甚至以为动用各种威胁、恐吓、施压等措施，便能够解决问题。管理者即使十分忙碌，也应该花一些时间来研究有关激励的种种论述，以期对激励有所认知，然后知行合一，合理地表现出来。唯有管理者先有良好的表现，才能够感应员工也好好地表现。其中，管理者对激励的正确认知以及合理运用，更直接影响到员工的行为表现。

绩效不佳的理由有很多，包括组织、制度以及管理等方面的诸多问题。然而，大家很容易一下子便把责任推给“沟通不良”或“士气不振”。一说到士气不振又联想到缺乏激励，所以，“缺乏激励”成为众人指责的对象之一，至少是大家最容易寻找的一种借口。

“不激励不行”似乎是一种趋势，因为大家公认激励是一种有效的驱策力，可以激发员工努力工作，尽量好好地表现。管理者不激励，员工懒洋洋，管理者自己也不好受。因此，缺乏激励，成为管理者的常见罪状之一。

缺乏激励可能产生的不良现象，例如，士气低落；员工流动率过大；彼此之间漠不关心，没有人情味；大家厌烦工作，生产力降低；不用心、不专心，到处制造浪费；一动不如一静，抵制革新；等等。种种因素加在一起，就造成绩效不佳的可怕结果（如图1–2）。

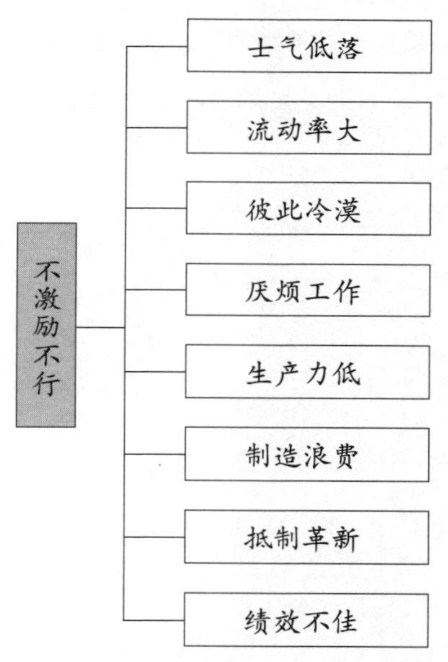

图1–2　不激励的后果

管理者把绩效不佳的原因，归咎于员工的工作表现不够良好；而员工则反过来责怪管理者不懂得激励，也缺乏激励的措施。这种彼此怨责的现象，几乎到处可以看到，成为十分普遍的组织病态，也是士气普遍低落的主要原因。

士气非常重要，大家都希望提高士气。然而，实际情况却是令人伤心的士气不振，连带着产生绩效欠佳的恶果，更是大家所不愿意承受的心理负担。要提高绩效，必须提高士气，而希望士气高昂，又非适当加以激励不可。所以，管理者应该心里有数，不激励不行!

本节小结

不要认为激励只是一种口头禅，说说就算了。不要把刺激、鼓舞等和激励相关的字眼当作激励，以免行而不当，有激励却没有激励的效果。激励是一种有效的驱策力，可以激发员工努力工作，尽量好好地表现，对于这一点，管理者一定要心里有数。

激励并非易事

既然不激励不行，那么实施激励就是了。不过，事实上并没有那么简单。因为实施激励，难免有一些规定，然后配合奖惩，以资增强效果。中国人相当机灵，马上动脑筋，全力做到符合规定，这时真的、假的、半真半假的、亦真亦假的，都派上用场，弄得考核的人头昏脑涨，很不容易分辨清楚，以致每次公布结果，大家都觉得不公平。这样一来，大家愤愤不平，徒然把激励的效果抵消了，有时还会引发一些反效果（如图1-3）。

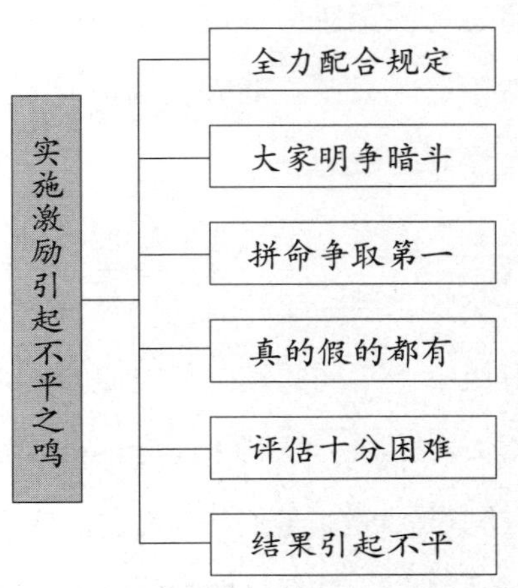

图1-3 实施激励引起不平之鸣

有了激励，大家忍不住要明争暗斗。“争第一、不落伍”原本是中国人从小培养的志气。如今有奖有惩，大家更是“输人不输阵”，奋力向前。激励的气氛愈浓厚，明争暗斗的较劲愈激烈。大家愈重视结果，不公平的感觉就愈明显。几乎所有激励措施，最后都淹没在不平的浪潮下，变得有气无力，渐至效果不彰。

中国人的习性，有很多地方像水：得到好处的时候，好像水流在平地一般，默默无声，根本不会说出来；一旦受委屈，受到不平的待遇，马上像水流在斜坡上一样，不平则鸣，发出很大的声音。

得到好处的人，并不感谢，因为他是依规定获得的合理报酬，只按照规定得到应得的，并没有什么特别的待遇，为什么要心存感谢？那些没有得到好处的人，则深感不平，因而发出不平之鸣，严重地打击了士气，破坏了团队的和谐。

管理者不可以不顾虑激励所产生的效应，因为管理者自己心里怎么想是一回事，而员工觉得怎样则是另外一回事，并且是管理者无法控制的。

激励的用意，原本在改善工作的气氛，使员工互相了解，保持稳定的工作步伐，彼此协调，在合作中创造良好的绩效。然而，不平则鸣，可能导致员工互相猜忌，甚至怨声载道，反而得不偿失。激励的用意虽好，产生反效果当然不好。只要不能够达到预期的激励目标，不管用意有多好，也不能算是良好的激励。

得不到奖赏的人，大多有不平之感。任何激励措施，都不可能不分等级一律给予同样的奖赏，因为统统有奖固然皆大欢喜，但也偏离了激励的实质。一旦分等级给予不同的奖赏，马上会引起大家不平的感觉，于是造谣生事，弄得人心不快，情绪不稳定，产生很大的反效果。

得到奖赏的人，毕竟是少数，他们认为奖赏是自己努力得到的报酬，心里不感激；得不到奖赏的人，可能居多数，他们认为遭受不公平的待遇，心里不服气。这些反应，往往抵消了激励的功能，不可不慎（如图1–4）。

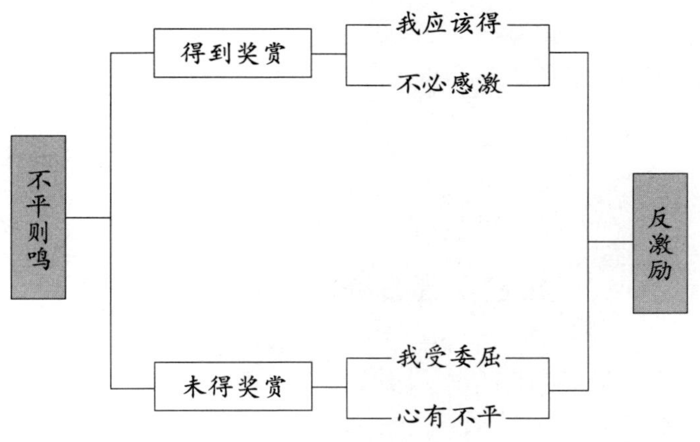

图1-4　不平则鸣会引起反效果

员工所产生的感觉，固然要员工自己自作自受，因为抱怨根本不能解决问题。然而员工的不平，对管理者的心理同样造成某种程度的伤害，使管理者心生不快，情绪上受到影响。

激励的效果，管理者和员工双方都必须共同承受。效果良好皆大欢喜，管理者固然不致浪费激励成本，造成赔了夫人又折兵的伤痛；员工也将士气振奋，再造佳绩。效果若是不好，那就两败俱伤，管理者气愤不堪，员工也愤愤不平，此伤害实在远大于所花费的成本。

本节小结

激励最怕的，就是引起大家不平的感觉。因为不平则鸣，会产生很强烈的破坏力，使激励失去作用。要减少不平之鸣，管理者最好说明“我不敢保证一定公平，却有心做到公正”，唯有在“公正未必公平”的气氛下，才能把不平的感觉消减到最低程度，因而使激励的效果达到最好。

站在不激励的立场来激励

激励不好，不激励也不好，这是两难（如图1–5）。

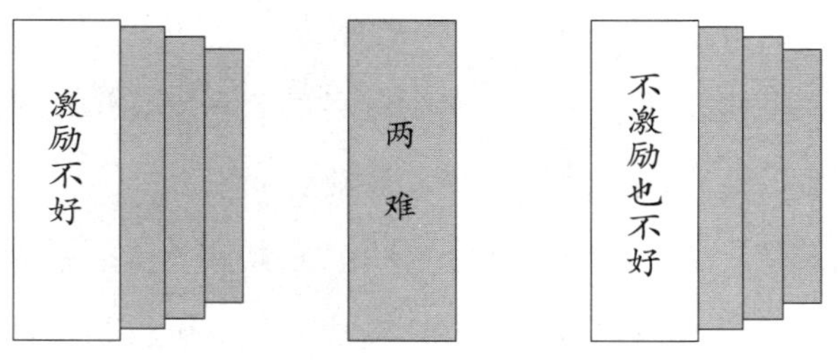

图1-5 激励的两难

人性既不像X理论所描述的“天生懒惰，讨厌工作”，也不像Y理论所寄望的“经过适当激励，人人均能自我领导，并且具有创造性”。

人性可塑，但是也有其限制。不激励不足以调适员工的行为，而激励也无法完全改变员工的行为。特别是不平的心理，更是激励的一大阻碍。

最好的办法，便是根本改变公平的观念。管理者坦诚说明“我只能够公正，却很难保证公平”，因为管理者自己强调难保公平，员工就会用不公平来批评他。得到奖赏不感激，未得奖赏不服气，完全是管理者认为自己完全公平所招致的恶果。公正未必公平，是解开两难的观念突破。

一般人的错误，说起来十分可笑，竟然是把公平视为常态，认为激励应该公平，甚至于要求激励必须公平，以致自食其果，引发不公平的感觉。

实际上，不公平才是常态，公平反而是一种特殊的心态。一种激励措施，居然被大家视为公平，不是这个组织太专制了，大家敢怒不敢言，不敢明白地表现出来；便是这种措施太宽松了，大家毫不费力就能够获得激励，而且所得甚丰，远远超过大家的预期，一时间觉得十分公平，当然没有什么怨言。这两种情况，其实都不合乎激励的原则。

激励和沟通、领导一样，都会产生两难。不做不行，做也不行。把公平的观念摆在一边，用合理的不公平来取代，应该是可行而且有效的方式。

激励从两难开始，才能够兼顾激励与不激励。换句话说，应该激励的人，才给予激励；不应该激励的人，不必给予激励。同样地，应该激励的时候，才能实施激励；不应该激励的时候，实在不能激励。

激励不可过分，以免“惯坏”了员工，无以为继；或者“鼓胀”了员工，造成长期疲惫。激励应该合理，目的在有效调适员工的行为。

一般来说，激励是为了改变员工的行为。我们对于人的行为能否改变，实在存疑，因为一个人幼年时期所养成的行为，常常会伴随其一生，到老都难改变。激励大概只能调适人的行为，使其符合预期的目标。调适和改变的差异在于多少不同，就是不存心完全改变他，仅希望其稍做调整。调整并不是改变，也不是不改变，而是改变到好像没有改变一样。

怎样兼顾激励与不激励呢？说起来相当简易，那就是“站在不激励的立场来激励，以求得合理的激励”。

站在激励的立场，相当于凡事都要激励，很容易掉入讨好员工的陷阱。员工是不能够讨好的，把员工宠坏了、惯坏了，时时等待激励、事事期待激励，把价值观扭曲了，等于害了员工。

站在不激励的立场，便完全放弃激励，这是二分法的思维，对管理者极为不利。不激励包含激励在内，表示“不可不激励，不可乱激励”的意思，比较容易找出激励与不激励之间的平衡点，采取合理的激励措施，因而产生良好的激励效果，其要点如图1–6所示：

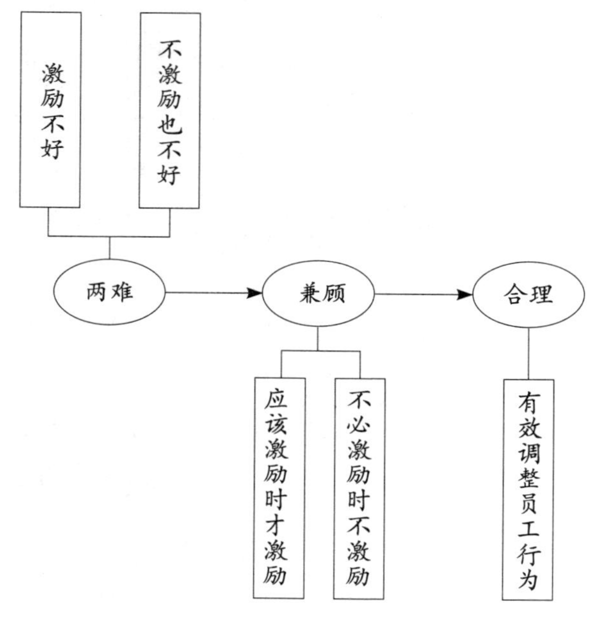

图1–6　兼顾才能突破两难

本节小结

激励不好，不激励也不好，这是两难。怎样兼顾激励与不激励呢？那就是“站在不激励的立场来激励，以求得合理的激励”。

思考

1．你认为到底是应该激励还是不激励？在工作中你又是如何做的呢？

2．激励常常引起不平之鸣，原因何在？

3．怎样处理激励的两难，做到合理的激励？

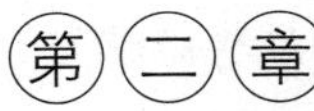

中国人的激励特性

激励的原则是：公正却不一定公平。
大家把公平的焦点转移到公正这一边。

首先看看自己的本事，
因为我们主张有本事者就可以来拿。

机会是公正的，大家都有份。
拿不拿得到，看自己的本事，不要怨别人。

拿不到最好怪自己不行，再去充电。
下次再来，而且还是公正地提供机会。

不一定公平，却一定公正合理，
这叫作合理的不公平，是真正的平等。

管理者承认自己公正却未必公平，
员工反而容易产生相当公平的感觉。

有本事就来拿

我们之所以主张公正未必公平，乃是基于最有效的激励精神，在于“有本事就来拿”。拿得到的人当然很高兴，拿不到的人也不应该怪别人，最好反求诸已，再充实自己，以便下一次顺利拿得到。

如果机会很多，每一位有本事的人都拿得到，那是真的公平。事实上，机会常常不够多，甚至往往令人觉得太少，以致有本事而没有机会的人，不可能拿得到，因此会有不平的感觉。“不给我机会，却怪我没有本事”成为常见的抱怨，“看人家给不给机会，而不是我能不能做”也是经常听见的借口。不能自我反省的人，经常把焦点对准别人，常常找借口来安慰自己。

公正地提供机会，有本事就来拿。但是机会不够多，不能普遍地提

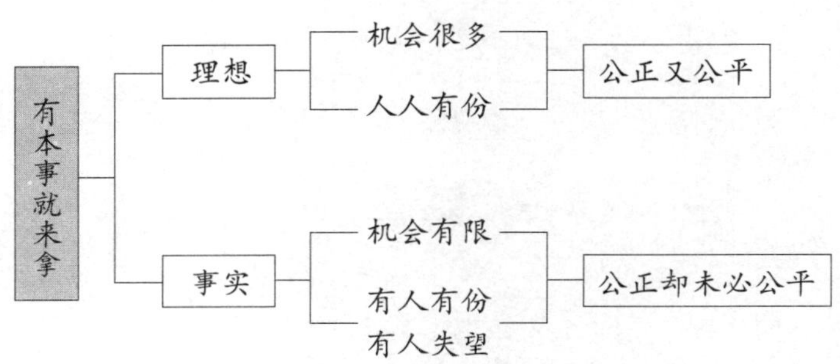

图2-1　有本事就来拿

供，所以不见得公平。这一次拿不到，等待下一次，公正未必公平，大家才能够谅解（如上页图2–1）。

要求公平，并不是不可以，而是必须具有良好的配套。譬如，资源非常丰富不可能短缺；或者机会十分充足，不致有所限制。实际上，管理者所面对的环境很难达到这样。我们所能够控制和运用的资源，往往十分短缺，至少不够充分；我们所能够提供的机会，也常常十分有限，谈不上充足。在这种情况下，根本没有资格谈什么公平。谦虚地自称公正而不公平，大家反而比较容易接受和谅解，不致引起激烈的反弹。若是毫不自谦，竟然宣称自己十分公平，极易引起大家的反感，以致让人愈看愈觉得不公平，愈想愈觉得气愤难平。

公正就是合理，合理的不公平，并不是不公平。

实施“有本事就来拿”的激励，首先要求每一个人都至少要用心充实自己，使自己具有相当的本事。

本事是什么？主要包括合理的态度、自主的觉醒、人际的技巧、专业的知识、自我的定位，以及合作的心理等六方面（详细的内容在后面将有比较具体的说明）。总括起来，可以说是“做人与做事并重”。换句话说，做人和做事能够双方面兼顾并重的人，才有资格被称为有本事的人（如图2–2）。

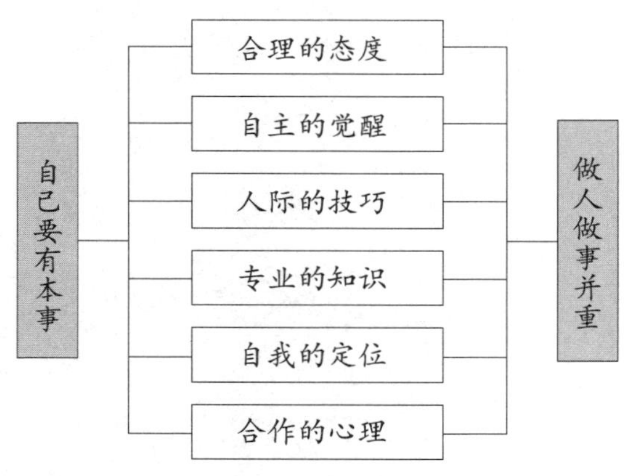

图2–2　自己要有本事

做人的本事加上做事的本事，才是我们所需要的本事。一个人只会做人不会做事，固然会形成一团和气的人际关系，却可能一事无成，毫无工作绩效。一个人只会做事不会做人，尽管很能够在工作上有所表现，但每做一件事便得罪若干人，到头来把人都得罪光了，处处有阻力，请问又如何能做好事呢？所以，好好做事之外，还要好好做人，两者并重，才是真本事。

西方人重视能力，主张能力本位，认为有能力的人，就应该受到相当的激励，以资公平。

在中国社会，有能力的人有时可能会受到委屈，受到打击。因此有人主张应该完全不顾人情、伦理，使有能力的人居上位，结果弄得组织气氛十分不安宁，团队士气也相对低落，以致把种种不良现象都归咎于传统的厚重包袱，认为其是进步的阻碍。

其实，中国社会也主张能者在位，同样期盼有能力的人能够站出来为大众服务。只是我们在能力之外，还重视做人的道理，必须表现得受人欢迎：一方面不致遭受上级打压；一方面也不会招致同人嫉妒，才算有本事。

本节小结

了解公正未必公平的道理，才能够接受合理的不公平。进而明白有本事适当地表现，让上级赏识而同人也不致排斥，就应该兼顾做人与做事两方面。只有做事的能力，往往不表现则已，一表现就备受打压与攻击。这时候必须充实做人的能力，才能够有本事地表现。

拿不到怪自己

组织所要做的，是把守人员进入的第一关，运用正确的方式来慎重甄选员工。不随便选用人员，是确保工作绩效的先决条件。对新进员工要用心逐渐深入了解，同时给予必要的训练，并且适才适用，指派合适的工作。提供员工表现的机会是组织的责任，员工在工作上若无表现的机会，就会觉得厌烦、不安，不但挫折感愈来愈重，而且可能会跳槽离去。

工作的标准应该明确，然后予以公正地考核。绩效优良的员工，依照规定给予奖励，以资强化。这一部分措施，如果做得合理，便能够发挥激励的效果。组织提供机会，在员工表现优良时，给予其应得的认可或奖赏，使其获得自我满足，便是有效的激励。

我们常说薪资是组织发给的，或者是老板发放的，其实不然。组织或老板都不可能印制钞票或发金钱。员工的薪资，实际上是自己赚来的，并非我们所想象的由组织或老板给予的。

既然薪资是员工自己赚来的，凭什么员工要感谢组织、爱戴老板呢？答案十分简单，因为工作机会是组织提供的，或者老板所允许的。所以，合理地提供工作机会，其实就是一种良好的激励。工作机会只提供给合适的人，不随便让不合适的人来获得，便是有效地把守第一道关卡（如图2-3）。

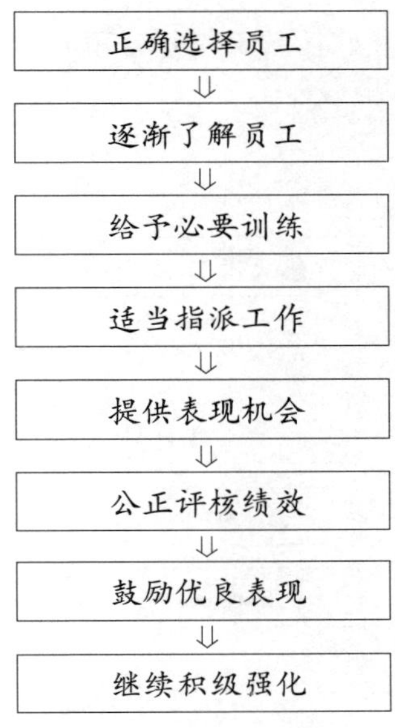

图2-3　组织提供机会

甄选合宜，创造出良好的激励环境。因为同人的素质所造成的士气和团队精神，与每一位成员都有十分密切的关系。激励有效与否，主要系于员工的心理反应。所以，志同道合成为十分重要的一种团队气氛。

作为员工，必须彻底地觉悟：拿得到不必骄傲，而拿不到则最好不要怨天尤人，应该反过来想想自己。能够自我反省，才有拿到的一天。

中国人特别重视反求诸己，便是基于“改变他人不如改变自己，这样比较快速而有效”的道理。我们很难改变他人，不如改变方向，好好地调整自己，反而比较有把握。

一般人喜欢怨天尤人，实际上怨天又有什么用？天毫无反应，怨也无济于事；尤人则往往惹人反感，更增加自己以后的阻力。怨天尤人，受害的多半是自己。

拿不到的时候，要平心静气，想一想“为何会如此”。既然公正而自己又拿不到，必然是因为自己有一些弱点或盲点，最好再加充电以求突破。下一次拿得到固然好，就算仍然拿不到，也增强了自己的实力，对自己总有些好处（如图2–4）。

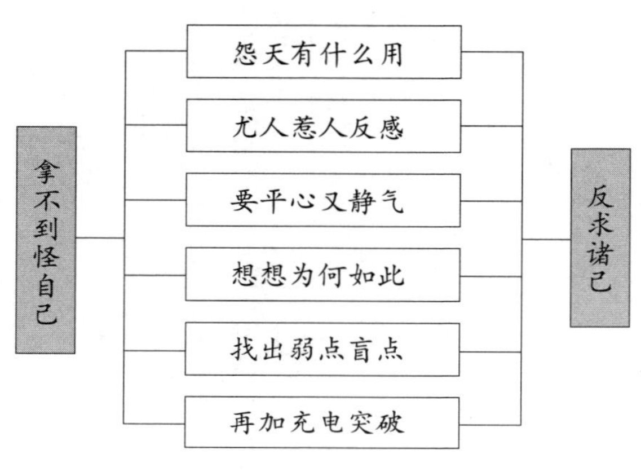

图2–4　拿不到怪自己

口头上怨天尤人，心里头自我反省，还说得过去。因为表现于外的，不过是做给别人看；而内在的行为，才能发生真正的作用。问题是看的人有什么反应，这才比较重要。无关紧要的人，看和不看都一样，可能表面上假装同情，内心颇不以为然。要紧的是管理者看到员工怨天尤人，会喜欢吗？当然不可能喜欢。看到员工冷静地反求诸己，管理者也会受到相当程度的感应，同样反求诸己。经常发现管理者自己也有一些不合理的地方而自动调整过来，结果对员工反而有利。何况形诸于外的，有时候也会弄假成真，影响到内心的感觉。养成不怨天尤人的良好习惯，总归对自己更有助益。磨炼自己，总有一天会练成真本事。就算真的受委屈，那一天再来责怪也不迟。

本节小结

得不到合适的工作机会，不必怨天尤人，却应该反求诸己，认真检讨自己的弱点，寻找自己的盲点，以便用心充电，增强自己的本事，等待下一次机会来临。

合理的不公平

充电到底是组织还是员工自己的责任？答案并不一致。我们建议：员工最好明白，充电乃是自己的责任。一个人具备真本事，任何人都抢不走，而且一辈子都可以用。充实自己，就是今天常说的终身学习。无时无地不需要学习，充电当然是自己的责任。

希望组织培育自己，当然也是一种正确的观念。不过自己的充电意愿高昂，才是充实自己的有力保证。

机会不会一生仅有一次，这一次拿不到，不必后悔。应该针对自己的弱点，力求充实，以便下一次机会出现的时候，好好抓住。“度小月乃候时机”的意思，并不是空等待，而是把握时间充电，增强自己的实力，随时有机会，马上可以表现出来。不等待干着急，空等待到时候还是拿不到。一个人的本事最要紧，不可不利用等待的时间，及时充电。希望获得合理的激励，充实自己，实在是刻不容缓（如图2–5）。

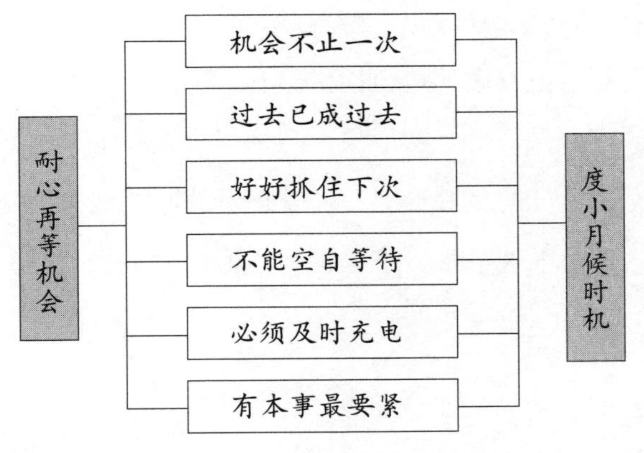

图2-5　耐心再等机会

激励的目的，无非在于引起被激励者内在的心理变化，使其产生预期的行为反应，以便有效地达成组织目标。一般激励理论，大多偏重被动的刺激，寄望于管理者对员工实施有计划的刺激，使员工同样被动地产生反应。

我们则兼顾主动的部分，一方面自我心理建设，使自己产生正确的认知，相信有本事终究能够获得应有的激励；另一方面则不因得不到激励而觉得没面子，以致怨天尤人，更增加自己的阻力。等待、忍耐、充实，才是面对激励的修养。主动胜过被动，自己掌控自主权，总比受他人控制，随着他人的刺激而反应要好得多。自我充实、终身学习，永远不吃亏。

组织公正地提供合适的工作机会，员工有本事的就可以好好表现，获得合理的激励。否则便受到纠正、批评，甚至指责或处罚，获得负面的感觉。

然而，由于工作机会有限，不能普遍提供，所以指派工作时，只能先让某些管理者认定有本事的员工来表现。于是，得不到机会的人，就会抱怨“不给我机会，根本不公平”，因而引起不平之愤。

不公平是事实，合理性也不容置疑。合理的不公平，才是真平等，叫作立足点平等。把有限的机会提供给有本事的人，人是不是有本事，要让别人来认定。保持良好的形象，乃是一个人有本事的必要表现。适当地保护或完善自己的良好形象，让管理者放心地把机会交给自己，才能够在合理的不公平气氛中，获得有利的影响力（如图2–6）。

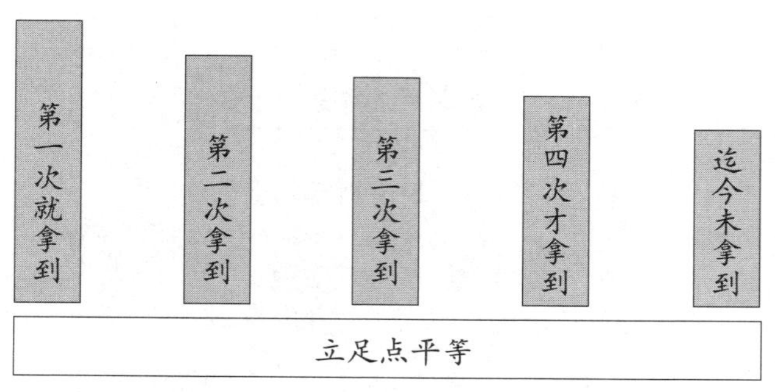

图2-6　合理的不公平

平心而论，管理者的能力，主要表现在分配工作方面是不是恰如其分，是否合乎员工的实际状况。员工的绩效和工作的成果，乃是管理者的重大职责。

但是，大多数员工并没有这种体会和认知。上级指派工作给他的时候，往往认为上级欺压好人，找他的麻烦，看别人轻松的样子，心里很是委屈。相反地，上级把工作指派给别人的时候，他却认为上级偏心，不把工作安排给自己，使自己失去表现的机会。这种矛盾心理，如果不能早日改变，恐怕任何激励措施也难收宏效。

凡事站在上级的立场想一想，然后才想自己的立场。求人不如求己，自己先弄清楚，再来要求别人，应该比较合理。

本节小结

自己有本事最要紧，充电是自己的责任。希望得到具有挑战性的工作，首先就应该提升自己的实力并且适当地改善自己的形象，使上级对你具有信心，放心把工作机会交给你。有了机会却不能好好表现，势必损害自己的信用，不可掉以轻心。

思考

1．为什么说公正却不一定能够公平？

2．拿不到的时候，你是反求诸己，还是怨天尤人？结果有什么不同？

3．你喜欢不合理的公平，还是合理的不公平？为什么？

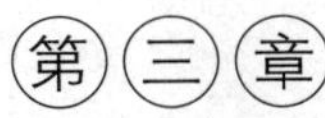

第三章 中美日的激励文化

美国人激励个人，并不激励团体。
有功才赏，无功当然不赏，十分明确。

日本人激励团体，不主张激励个人。
任何人强出头，都要受到强烈的打压。

中国人凡事都要合起来想，
激励也不例外，不要采取分的心态。

个人固然要激励，团体也不可忽视。
我们常常通过个人来激励团体，妙得很！

有功劳当然要赏，没有功劳也有苦劳。
把功劳与苦劳合在一起想，兼顾又并重。

比来比去，看来看去，真是各有巧妙。
最好按实际情况，依团队共识，合理运用。

美国人激励个人

西方文化一向标榜个人自由与政治民主，主张个人有权通过自由选择的途径，来追求个人的利益、达成个人的目标。每一个人都应该发现并且发挥自己的长处，以造福他人。可惜的是，大多数的人只知道把自己的长处用在自己身上，却忘记了为他人造福。

个人主义当然有理想的一面：自己对自己的所作所为，应该负起全部责任；平等地对待每一个人，处处尊重他人的尊严；人人有自由，因此个人的自由不能够妨碍他人的自由；个人独立，却必须与他人互信互动，共同追求社会的进步；彼此吸收不同的长处，使自己不断获得成长；大家在自信与信人的气氛中发挥潜力。

然而，个人主义也有不利的一面：要求他人负责，自己却未必愿意承担责任；有时过分以自我为中心，以致忽视他人的存在；自由过度，因而妨碍了他人的自由；独立得十分自私，把他人都当作竞争者；人与人疏离，难以互动互信；过分强调自己，却不能够关心别人。

美国式的激励，由于受到个人主义的影响，当然以个人为对象。既然每一个人死亡之后，必须自己单独面对上帝的审判，组织中的每一位成员，在工作告一段落时，同样应该单独接受评审。所谓团体目标，早已分割成若干个人目标，各人自己努力，各人接受不一样的激励。

每一位成员，都是一个独立的个体，也是一个独立的单位。每一位成员，各自设定目标，并且尽力去达成。激励个人，使其认识并发展个人的潜力，成为美国式激励的主要任务（如图3–1）。

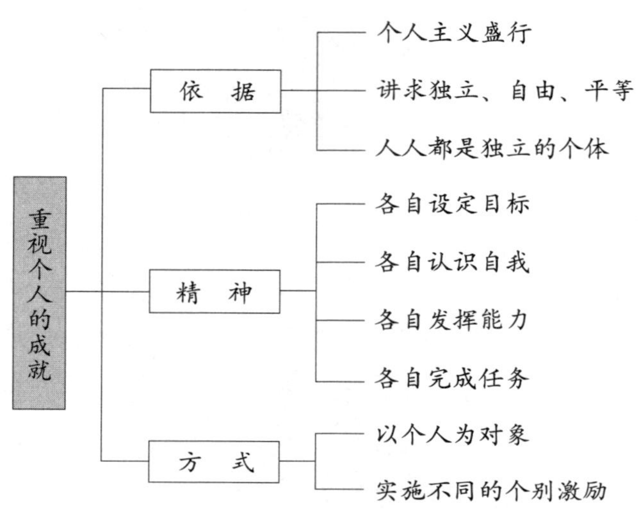

图3–1　美国人激励个人

西方人把“有”和“无”分开来看，有就是有，而无也就是无。有功即赏，无功当然不赏，这看起来是非分明，也十分符合个人主义的特性。

只有功劳，无所谓苦劳。尽可能量化，大家力求算得清楚，讲得明白。由于西方人大多以个人的成就来确保自己的价值，因此激励者与被激励者双方可以彼此讨论，有时候还能够讨价还价。

基于对隐私权的保护，大多数组织一般不会公开员工的薪资待遇，个人的薪资被视为个人与组织之间的一种机密事宜，西方人把询问他人的薪资视为一种失礼的行为。实际上，这种薪资保密的措施，经常令人高估同人的薪资而引起不满。不过把薪资公开，实在不容易使大家心悦诚服，各种差额都将成为追究、争执的焦点。

美国人特别强调同工同酬，如果发现自己和同人的工作或贡献相等，而所得却较低，就会心生不满而工作不力。采取个别而不公开的激励，成为比较有效的方式。美国人也习惯于尊重别人及团体纪律，把各人都当作独立的个体，各人自求表现，并不十分关心别人的事情。激励的制度和评核的方式力求公开，最后分配所得则保持秘密，对美国人来说，普遍都能够接受。

获得奖赏的人，也心知肚明：这一次表现得好，所以有此奖赏，下一次还有没有奖赏？能有多少奖赏？要看下一次的表现。逐一分开计算，不致把奖赏列为正常收入，更加理性地当作单一事件来思考和运用（如图3–2）。

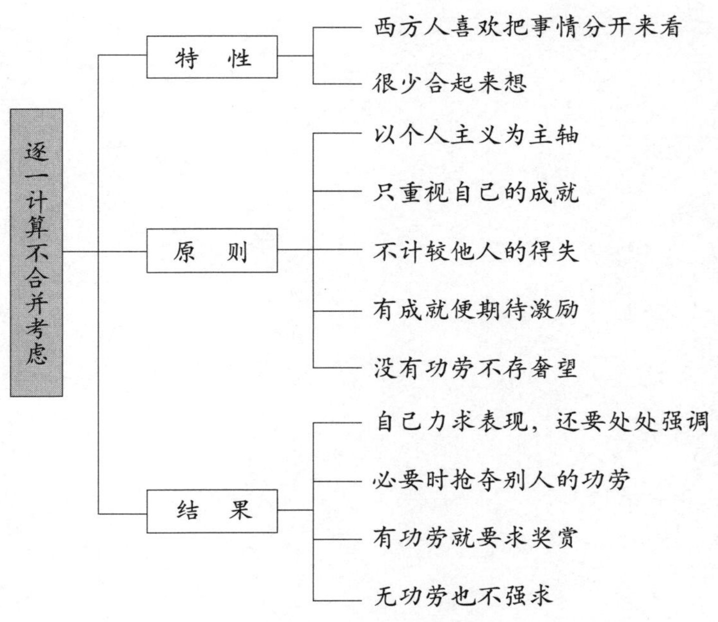

图3–2　有功才赏无功即无

本节小结

受个人主义的影响，美国人的激励以个人为主。每个人都讲求独立、自由、平等。各自设定目标、各自发挥能力、各自完成任务；只重视自己的成就，不计较他人的得失；有成就便期待激励，没有则不存奢望。

日本人激励团体

日本人的集团性举世闻名。自我介绍的时候，大多先说出自己所隶属的团体，然后才说出自己的姓名。日本人常说的“我家”，大多指称自己所属的组织，充分反映出日本人十分浓厚的集体意识。日本人心目中的“家”，其含义远远胜过英语中的Family。

新年时节，当全世界的人都忙于亲属聚会的时候，日本人却专心于准备拜访上级，上级也在等待下属前来拜访。对日本人来说，血缘关系不如集团关系，除了父母和祖父母之外，已婚的兄弟姐妹、表兄弟姐妹、叔伯婶姨之间，甚少往来。各种组织都致力于加强“没有亲戚死不了，没有同事活不成”的一体化感觉，并且不断联系，达到巩固集团的目的。在这种集体气氛浓厚的情况下，个人的自由缩减到最小限度，每个集团都以各种规章，把自己的成员紧密地绑在一起。

大多数的日本人，在这种十分完整的集团意识中工作，生活得很安心。不但不觉得自己的尊严受到侵害，几乎完全没有隐私权，也不认为有什么不妥（如图3–3）。

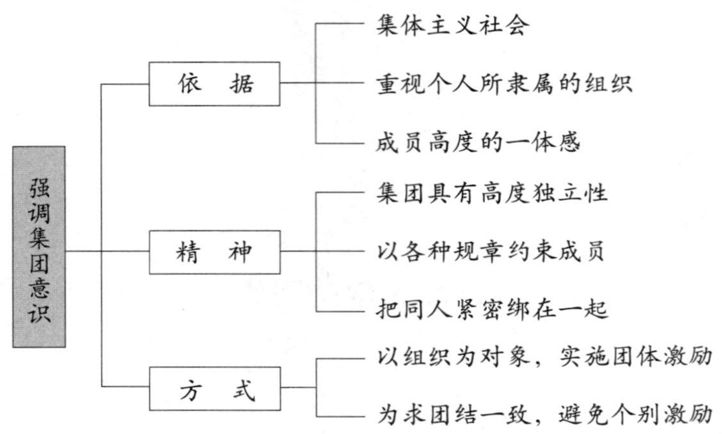

图3-3　日本人激励团体

曾经有一位美国老板，奖赏了某一个日本组织总共五个员工中的两个，因而引起其他三个员工的集体辞职。日本人和美国人对被奖赏的感觉不一样，他们认为奖赏其他两位同人，就等于宣告剩下的三位表现得不好，当然应该辞职。这位老板以对待美国员工的方式来激励日本员工，引起个人主义与集体主义之间的冲突。美国人可以激励个人，并不致威胁他人；日本人则只能够激励团体，借以增强集体意识，不适合激励个人，容易引起他人的不安。

日本社会和欧美社会最大的不同，在于讲求年资的深浅，而不重视能力和表现。因为按照资历排列，不但简单易行，而且稳定可靠。谁先来谁后到，一经确定就自动生效，不会产生任何变化，不像能力的评估那样困难，并且随着时间有所变化而产生争论。

欧美社会当然也有很多礼俗上的约束，日本社会则更为复杂而不容变更。不论任何场合，都必须按照各人的等级，由上而下逐一排列，不可以有差错。任何人违反或是忽视这种规律，就会十分难堪，并且带来相当不利的后果。

日本人最重视前辈、后辈的规矩，就算年资只差一年，也不敢逾越。年资相差七年以上，彼此之间就产生一种差别感，因而不可能存有前辈、后辈以外的友谊。

后辈对前辈必须服从，不可以说“不”，或者表示不同的看法。集团内的和谐与秩序，不容许被破坏。只要被戴上“与众不同”的帽子，就会处处受到同人的排挤。公开与上级对立的人，很难有人同情。

任何露出钉头的钉子，都要想办法把它打进去。同样，个人强求出头、任意表现，在日本社会是不受欢迎的。

激励的作用主要在激发同人的一致性。日本人不讲求专业分工，他们喜欢参与一些与自己权限无关的事宜，以便夸大自己对团体的贡献。让员工做一些分内工作以外的事情，说起来也是一种激励，上级看重、同人称赞，这些非经济形式的激励，对日本人来说，十分有效。但是，必须确保忠顺而不与组织作对，才能享有（如图3–4）。

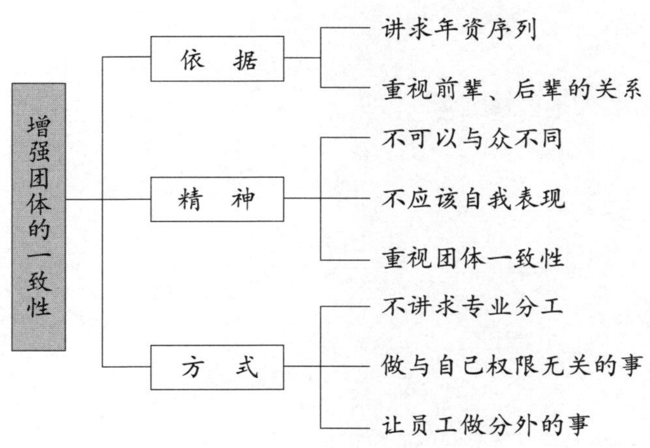

图3–4　不主张个人出头

本节小结

日本人偏重集体主义，以激励团体为主。每个集团都具有高度的独立性，并以各种规章来约束成员，把大家紧密地绑在一起。为求团结一致，实施团体激励，避免个别激励。

中国人合起来想

美国人偏重个人主义，采取个别激励方式；日本人重视集体主义，激励团体而不针对个人。那么，中国人呢？我们到底是个人主义，还是集体主义？

中国人喜欢把事情合起来想，而不分开来看。我们既不是个人主义也不是集体主义，而是两者兼顾并重：个人依赖集体，集体重视个人，可以说在团体中体现个人。如果一定要说是什么主义，那就是交互主义。

在中国社会，个人的地位当然受到尊重。要不然怎么可能一言九鼎，说话算数呢？但同时，团体意识也备受重视，因为覆巢之下无完卵，有国才有家，有家才有个人的观念至今仍然有很大的影响。

换句话说，应该表现个人主义精神的时候，特立独行备受推崇；应该强调集体主义的时候，群策群力才能普受欢迎。中国人能屈能伸，但是必须合理。

把个人与团体合起来想，有个人才有团体，有团体也才有个人。有时以个人为重，大家全力支持，让这个人好好表现；有时则以团体为重，个人全力配合，团结一致才有力量。拿捏得恰到好处，便是合理。

激励和不激励，最好也合起来想。激励得好像没有激励一样（如

图3-5），没有受到激励的人，也多少沾一点儿光，大家都有面子。如果分得很清楚，受到激励的人感受到很大的压力，而没有受到激励的人，必然深感没有面子而滋生事端。双方面都没有好处，对团体也将造成伤害。

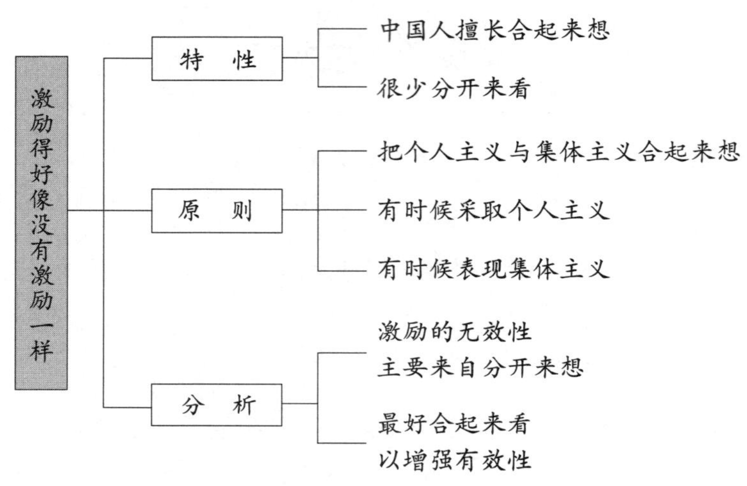

图3-5　中国人合起来想

激励的无效性，大家都深有同感，却始终难以改善。主要原因即在不能够合起来想，却分开来看。

中国社会讲求有好处大家分享，一方面推己及人，一方面则表示同甘共苦。既然要把自己与同人合起来想，当自己获得某些好处的时候，自然要拿出一部分来和大家分享，才是言行一致的具体表现。

大家都心中有数，没有得到好处，彼此都不计较，反正互相支持，应该是例行公事。一旦某人获得实际利益，大家就会想到：为什么做事情的时候，就要我帮忙？现在得到奖赏，却一个人独吞，这样公平吗？

得到奖赏的人，当然可以默不作声，只是中国社会好像没有什么秘密可言，很快大家都会知道。若是真的独自收下，不拿出来分享，大家也不会怎样，却在表情、态度上有所变化。如果再请求别人支持、协助，恐怕冷言冷语加上冷面孔就很难避免。最好得到奖赏拿出来和大家分享，比较符合通过个人奖赏团体的原则，而皆大欢喜。

但是，分享的结果，固然效果良好，而接受奖赏的人，不免兴起“过路财神”的感叹，左手进、右手出，还要缴所得税，岂不令人气恼？受奖的人不感谢，因为并没有得到实质好处，这也是激励无效的一大原因。

暗盘的设置可能由此而起。明着奖赏五千元，让受赏人拿出来请客，完成通过个人激励团体的预期任务。但是，如果没有后续的暗中支付的三千元，受赏的人就不会心生感谢而降低了激励的效果（如图3-6）。

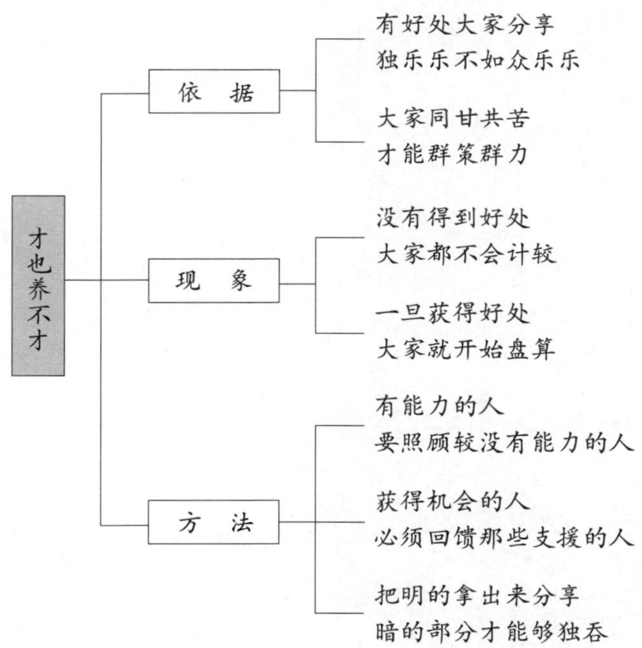

图3-6　通过个人激励团体

把明的和暗的合起来想，激励的效果才会增强。然而实际应用的时候，却应该分开来发，对此我们将在后面有更详细的说明。

本节小结

中国人既不偏重个人主义，也不偏重集体主义，而是两者兼顾并重，个人依赖集体，集体重视个人。所以，对中国人来说，最有效的激励方式，就是通过个人来激励团体。

思考

1．西方人为什么经常逐一计算而不合并考虑？

2．你能接受日本激励团体而非个人的激励方式吗？为什么？

3．中国人为什么喜欢通过激励个人来激励团体？

本事是激励的基础

没有本事的人，给予高度的激励，
士气很高昂，却不能达到预期的绩效。

有本事的人，未给予适当的激励，
士气会低落，有能力也不愿意表现出来。

有本事未激励，无法人尽其才；
没有本事加以激励，又增加了一种浪费。

激励的目的，不在士气高昂，而在达成目标。
大家反应出合理的行为，才是真正有效的激励。

合理激励有本事的人，才是真正的激励，
使有本事的人受到适当激励，做出合理的表现。

不可以激励没有本事的人，
只能通过有本事的人来激励他们。

本事乘以激励等于良好绩效

激励的目的，不在改变员工的个性，而在促使员工自我调适，产生合理的行为。员工自我调适的方向，如果朝向企业的目标，所产生的行为即属合理；若是朝向自己的个人目标，与企业的目标不相符合，甚至于互相矛盾或冲突，那就是不合理的偏差行为。

年龄愈大，个性愈难改变。强制某人改变行为，不如设法让他自行调适。一般而言，什么样的人就是什么样的人，我们很难改变他。我们所能做的，只是顺着他的个性，增加一些东西，使他自己改变行为。

所增加的东西，称为激励的诱因。每一个人的诱因都不相同，必须个别了解之后，分别认清。把每一个人都当成独立的个体来看待，是管理者应有的正确心态。

由于激励的诱因不同，激励的方法也不相同，对甲有效的激励，对乙未必有效，而且时间改变，方法也要跟着有所调整。因此，对个别差异必须加以重视。

人的行为，主要来自观念。具有什么样的观念，就会产生什么样的行为。希望员工自我改变行为，最好的办法其实就是让他自己改变原有的观念（如图4–1）。

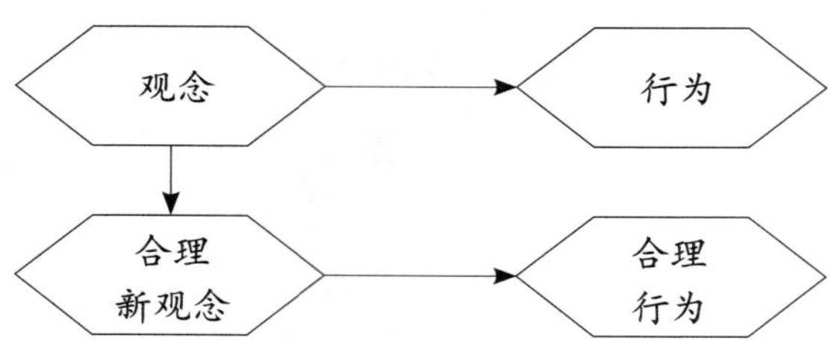

图4-1　激励的目的在产生合理行为

要改变一个人的观念，首先要让他感觉到改变的需要。管理者必须创造出若干情境，使某些员工觉得原有的观念并不值得保存，而愿意加以改变。然后主动认同组织中的某些观念，用来取代原有的观念而逐渐内化。经过一段不断强化的过程，新的观念便能够产生新的行为。组织中任何一个成员的行为改变，都将对其他成员甚至组织本身产生影响，因而促使整个气氛的改变。

员工要自行充实自己的实力，增强自己的本事。企业提供合适的工作机会，使具有实力的员工得以好好地表现。然而，有本事的员工，肯不肯表现，会不会好好地表现呢？这就牵涉激励的问题。

良好绩效是本事与激励的乘积（如图4–2）。

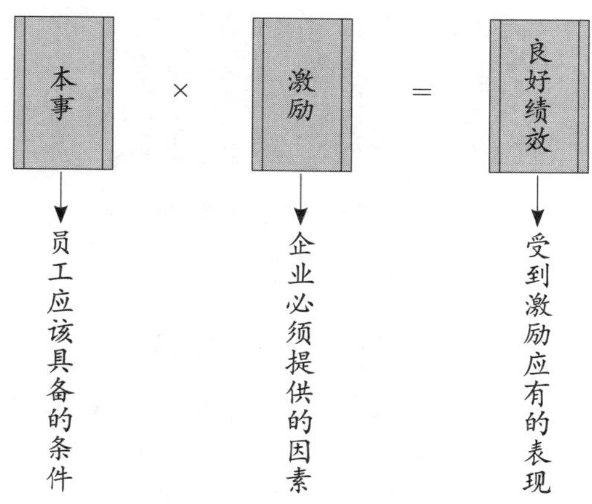

图4-2　本事乘以激励等于良好绩效

本事指员工应该具备的条件，亦即做人做事的本领。激励是企业在工作机会之外，必须提供的某些因素，用以激发员工努力的意志。良好的绩效则是员工受到激励之后应有的表现。

员工具有做人做事的本领，并不一定愿意自动表现出来；就算愿意表现，也不一定朝向企业的目标。这种常见的情况，对管理者往往造成很大的困扰，成为领导上的莫大困难。

管理者可以把这种员工叫来，对他们大发雷霆，施以十分严厉的警戒。这在短时间内可能有效，促使生产力马上提高。然而，有些员工并不接受，引起企业气氛的恶化，于是离职、缺勤等不良现象大量增加。所以，这种所谓“火性”的管理，实际上不符合人性需求。

最好采用“水性管理”，提供若干有利的激励因素，引导水流朝向既定的目标，而且源源不断，由此绩效才会良好。

火性管理的结果是同归于尽，必须避免；水性管理以诱导为宜，不阻塞也不抵挡，顺性而为才有效。

本节小结

激励的目的，在产生合理的行为，以增强工作能力，提高工作绩效。激励有本事的员工，可能达成预期的目标；激励没有本事的员工，反而有不良的后遗症，等于浪费。有了本事，再加以激励，能产生良好的绩效，对企业和员工来说，都是大有裨益的。

有本事未激励不能人尽其才

员工的本事是否符合工作的需要，这是管理者在甄选员工时就应该明确辨识的。要从应聘者的专业、态度、喜好、人际技巧以及沟通能力，来判断其做人做事的本领。

现实中常见的情况是：新进员工都十分卖力，可惜一段时间过后，便逐渐降低努力的程度，然后保持不被开除的水准。原本希望新人新血液能带来新气象，不料新人被旧人同化，依然是旧习性。新力军不能产生新力量，反而助长旧人的气势，使得整个企业暮气沉沉。好不容易招聘而来的新员工，同样蒙受其害。企业和个人两败俱伤，毫无好处。

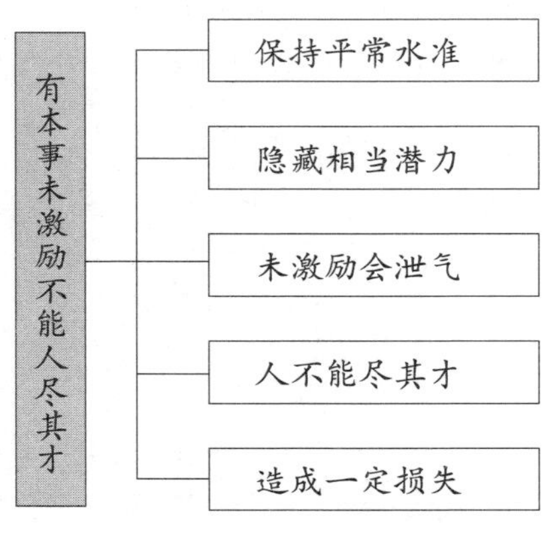

图4-3　有本事未激励不能人尽其才

可见，对有本事的人，必须给予有效的激励，才能人尽其才。有本事未激励，是企业的损失，也会造成人才的浪费（如上页图4–3）。

但是，如果常常用同一方式来激励不同的人才，实际上收效并不大。管理者最好能够针对不同的需求，分别给予合适的激励，以提升生产力。

人尽其才，是人力资源管理的最高目标。每一个人的潜力固然有所不同，但是未尽全力，则显然是共同的现象。一般人只注意到识才、觅才、聘才、留才、用才，很少能够尽才。这种人力资源的浪费，必须善用合理有效的激励来加以避免。

当年诸葛亮不投奔曹操阵营，主要是理念不同；不为孙权所用，则是由于其认为孙权“能贤亮，不能尽亮”，宁愿留在家中，等待刘备三顾茅庐，然后鞠躬尽瘁死而后已，因此被传为千古美谈。可见，仅仅做到使人留下来是不够的，必须想办法使其自愿鞠躬尽瘁，才能够大幅度地提高生产力。

用错人和没有人用，哪一种情形比较可怕？没有人可用，造成人员的缺失，影响工作的进行，相当可怕；用错了人，把工作过程弄错，结果一团糟，甚至留下一大堆后遗症，更加可怕。

没有本事的人，不激励他，只是得过且过，大不了浪费一个人力；若是激励他，使其士气高昂，可能帮倒忙，或者愈帮愈忙，不但做不好分内事，连带影响到别人，为害甚大。有些人愈热心，大家愈害怕，就是因为他不动则已，一动起来破坏力就很大，所造成的恶果，令大家吃不消。

企业应该明确订立原则，对于没有本事的员工，不予激励。一方面可以促使员工自己提高警觉，随时注意充电；另一方面则让大家明白，未受到激励是一种合理的不公平，不必怨天尤人，应该反求诸己，以免造成企业的浪费（如图4–4）。

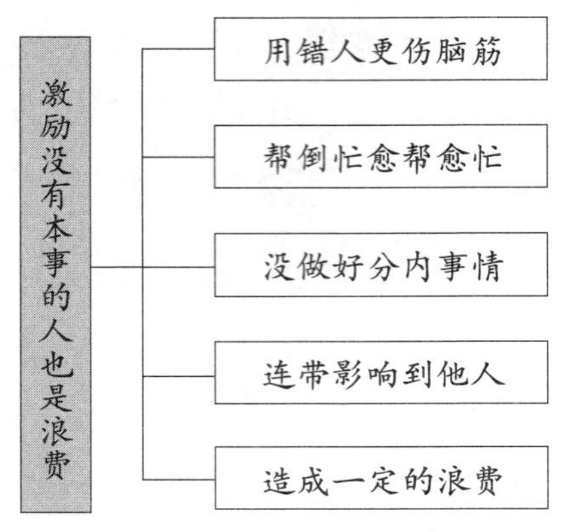

图4-4　激励没有本事的人也是浪费

一般人不愿意承认自己没有本事，只知道埋怨上级不识人，缺乏知人之明；或者对上级有成见，认为其不把表现的机会提供出来；甚至认为上级太自私，偏爱自己人而排斥外人。所以，他们觉得十分委屈而不能够自我反省，失去改善自己的警觉性，也不能够及时充电，以提升自己的实力。

企业规定各级管理者不得激励没有本事的人，其主要目的即在提醒员工：想一想，自己是不是属于这种不得激励的人。每当觉得不受重视、未受激励的时候，便应想起这种规定，提高自己的警觉，对自我反省具有相当的敦促力。事实上，人人反求诸已，设法把自己变成有本事的人，不但自己获益，企业也将获得很大好处。

本节小结

有本事的员工未得到激励，不能人尽其才；没有本事的员工得到激励，是一种浪费。在企业方面，要激励有本事的员工；在员工方面，要随时注意充电，使自己更加有本事。企业和员工双方共同努力，才能够不断获得发展。

反求诸己就是使自己有本事

新进员工，经过甄选合格，证实并不呆。进入企业以后，如果不知进修，迟早会因停顿而落伍，变成呆人。企业成长必须兼顾员工个人的成长，因此员工由不呆而呆，企业负有相当的责任。但是，话说回来，员工对于自己切身的问题，最好也要自己重视，时常提醒自己“不进则退”，随时把握充电的机会，充实自己的知识与能力。企业和个人，双方面都重视呆人的问题，避免由不呆而变呆，应该是防止出现呆人的最佳保障。

企业对员工实施训练，应该依据员工的受训意愿，做适当的安排。凡是受训意愿较高的，优先给予受训的机会。可见，员工不能够体会和认知充电的重要性，企业就不会重视对他的训练，日积月累，终久成为呆人。

员工认识到充电的重要性，明白企业给不给机会，乃是基于自己是否有受训意愿或是具有相当能力，自然就知道自己应该如何来密切配合（如图4–5）。

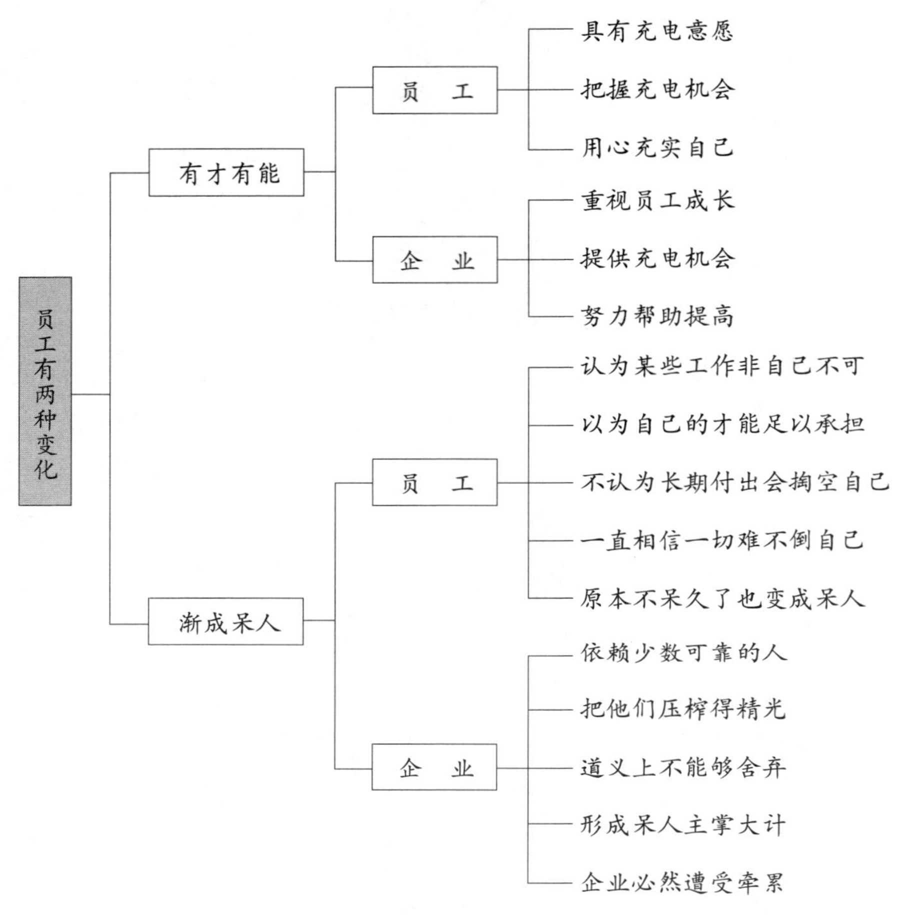

图4-5　员工应该体认充电的重要性

当今社会快速变迁，各种资讯日新月异。终身教育，几乎是不可避免的趋势。人人都需要不断地学习，观念必须经常有所调整，这应该成为所有人的共识。

特别是那些有本事、受到上级器重的人，所担负的责任很大，所付出的时间很多，对企业的贡献很大，可惜充电的机会却相对地减少。对这些没有时间再学习的人，企业应该加以特殊的照顾，建立强迫休假的制度，使其获得充电的机会，才不致使强人变成呆人，个人承受不了，企业也将受到连累。所有企业中的人，原本并不呆，只要小心翼翼，重视进修，当然不致变成呆人。

一个人要确保自己具有良好的形象，以便上级放心把机会交给自己，或者乐意激励自己，最好的办法便是“反求诸己”，时常反省自己：“我的长处发挥了吗？我的短处改善了吗？”如果答案是否定的，最好赶快充实自己，提升自己的实力，至少也要达成自我激励的目的。常言道，人必自助而后人助之，本着求人不如求己的精神，对自己最有利。

人没有十全十美的，不必苛求自己零缺点。但是，每提升一个阶层，就应该为上一阶层的需要而要求自己，否则便应该安于现状，不再希望晋升，也不要怪上级不给自己更多的机会。不使自己到达无能级，弄得自己焦头烂额，心有余而力不足，可以减少很多苦恼，对自己、对团队都更为有益。

凡是不安于现状、希望更加进步的员工，必须自己设法了解上层的需求，使自己具有更大的本事，然后等待机会到来，得以好好地表现。反省时必须诚实，因为人很容易原谅自己，替自己寻找借口，结果蒙蔽了自己，使反省成为形式，就无法增强自己的本事。

大多数人都认为，自己不但具有反省的能力，而且几乎每天都在自省。然而，所表现出来的，仍旧是自以为是，并且一错再错。主要原因，即在徒有反省的形式，缺乏实质上的功能。要想切实反省，就必须抓住问题不放，一而再、再而三地提出疑问，务求追根究底，以期真正挖出问题的根源。唯有深入探究，从根本处着手，才能够解决问题。

很多时候，我们不存在有没有反省的问题，而是怎么反省、反省有没有实际效果的问题（如图4–6）。

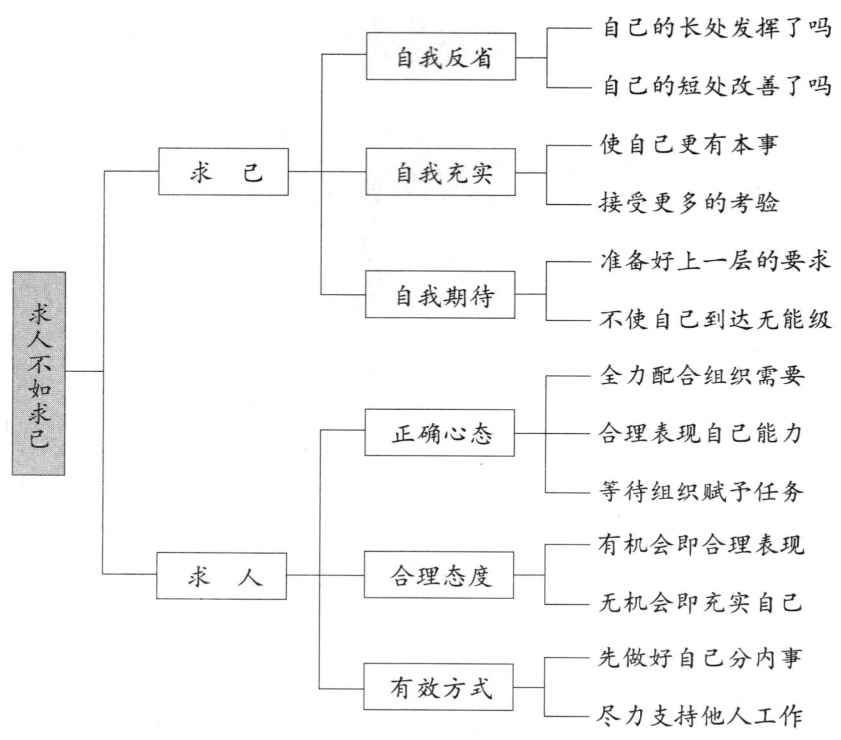

图4-6　反求诸己便是使自己有本事

本节小结

企业激励员工，员工要把握机会，加以珍惜，因而尽心尽力，把工作做好。企业未激励员工，员工也应该反求诸己，是不是自己因停滞而落伍，以致企业不再激励，并进而努力提升自我，等待机会，使企业愿意继续甚至加强激励自己。

思考

1．你认为，水性管理和火性管理有什么不同？

2．为什么说有本事未激励不能人尽其才，而激励没有本事的人又是一种浪费？

3．你能做到常常反求诸己吗？如果能，你是怎样做的？

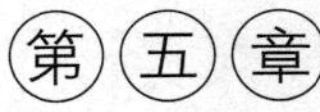

本 事 的 内 涵

究竟什么叫作本事?
本事具有六种同等重要的内涵。

合理的态度，一切顾全大局；
自主的觉醒，凡事都能够自动自发。

人际的技巧，既会做事又能兼顾做人；
专业的技能，保证做好人又做好事。

自我的定位，站稳自己应有的立场；
合作的心理，在专业分工中朝向共同目标。

具备这六方面的素养到相当程度，
便是我们心目中有本事的人。

有本事的人，一定有能力。
有能力的人，并不一定有本事。

合理的态度与自主的觉醒

本事的内涵，主要包括合理的态度、自主的觉醒、人际的技巧、专业的技能、自我的定位以及合作的心理等六方面。我们先谈谈合理的态度和自主的觉醒。

员工各有不同的需要，也都希望能够获得满足。但是，你有你的需要，我也有我的需要，彼此不免有些冲突，更可能引起争执。这时大家必须顾全大局，在圆满中分是非，才能够适当化解冲突，避免争执。否则各自坚持，毫不让步，天天生活在你是我非、我对你错的气氛中，怎么能够好好做事？

每一个人都应该养成合理的态度，认清自己的见解未必全对，而他人的意见也未必皆错。凡事抱持“大家好商量”的心态，听听别人的说法，以集思广益（如图5–1）。

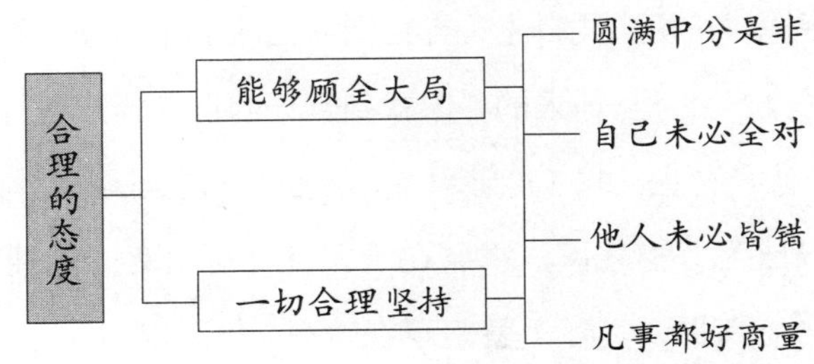

图5–1　合理的态度

在圆满中分是非，并不是不分是非，也不是“官大学问就大”，一切依凭上级的是非；顾全大局，并不是只重和谐不重是非，也不是盲目相信上级的是非。每一个人都应该合理地坚持自己的意见，坚持的程度与自己的把握成正比，用结果来证明自己的判断，以维护自己的形象。

上级的指示不可以当面顶撞，惹得上级生气，甚至恼羞成怒，对自己都十分不利。但是，这并不表示样样都要听上级的，一切依循上级的指示而毫不怀疑。因为盲目顺从的结果，把自己塑造成上级心目中的奴才，对自己也相当不利。最好把听话与不听话合在一起想，也就是站在“不要顺”的立场来“顺”。上级的指示，合理的部分当然要顺从；不合理的部分不能够服从，以免造成恶果，反而牵累上级。但是，无论如何不应该当面、立即反应出来。最好隔一些时候，再妥善加以反应，使上级明白我们并非为反对而反对，而是为了整体利益才提出意见，这样上级才比较有面子，容易接受。

自主觉醒的人，希望自做主张。他不会盲目顺从，也不喜欢他人把一切都安排得妥妥当当，要他一成不变地去遵行。换句话说，他喜欢自己去寻找答案，也对自己找到的答案负责，以肯定自我的价值。

自主的员工，必须养成“自己做好计划、自己切实执行、自己严格评估”的习惯。凡事能够自动自发，而且有做得好的实力，才是真正自主的人。

有些人自恃“名校出身、名师指导，而自己又是高徒”，因而自视甚高，不听指挥，一切全凭自主，弄得同事无法合作，以致孤立无援。可见，自己力求改善，且从他人的眼中找到真正的自己，乃是自主的先决条件。他人放心让我自主，我才能够自主，这也是自主觉醒的一部分。

人之所以成为万物之灵，主要在于人具有自由意志，拥有高度自主性。人的尊严与高贵，实际上就表现在这里。人如果不能自主，处处要听命于他人，受上级的制约，说起来并不是愉快的事情。但是，人要自主，必须先做好自律，也就是自己把自己管好。

自主的人，不喜欢被管。既然如此，就应该用心规范自己，约束自己的行为，把自己管好。唯有十分自律的人，才有资格不接受他人的管束。自己管好自己，才能够责问他人凭什么管我？否则接受他人的管束，也是理所当然，不能够情绪化地加以抗拒。

愈能够自律的人，自主性愈高；不能够自律的人，盲目追求自主，势必引起大家的轻视与打压，反而更加不能自主。由自律而自主，还是要靠自己去努力（如图5–2）。

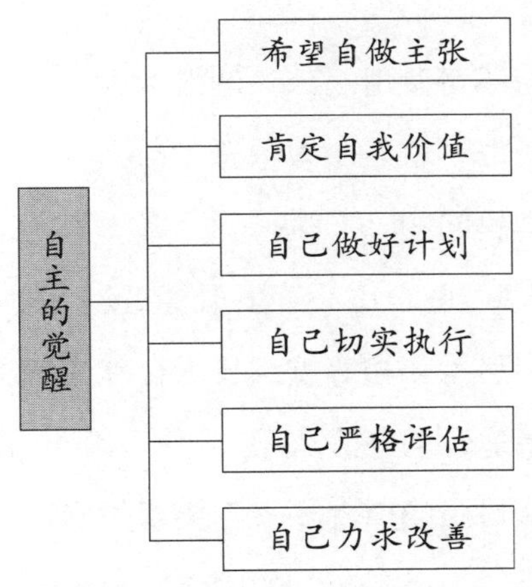

图5–2 自主的觉醒

本节小结

一般来说，本事就是做人做事的本领。每一个人都应该养成合理的态度，凡事抱持“大家好商量”的心态，听听别人的说法，以集思广益。这是能够顾全大局的合理态度。

自主觉醒的人不会盲目顺从，也不喜欢别人把一切都安排得妥妥当当，而喜欢自己去寻找答案，也对自己找到的答案负责，以肯定自我的价值。

人际的技巧与专业的技能

与人相处，绝对不可圆滑。因为圆滑的人，一切推、拖、拉，最后不了了之，不是和稀泥，就是令人厌恶。与人相处，要对人和谐力求圆通，在和谐中真正解决问题。

圆通的基础，即“将心比心”。凡事先想到别人的立场，肯定彼此都有相当的道理，然后互相尊重，找出合理的解决之道。合理不是折中，而是此时此地最适合的办法。

中国人深知祸从口出的道理，人际关系的好坏，多半和说话有密切的关系。我们又知道“先说先死”的厉害，因此大家都不愿意先开口，万不得已先说，也会说一些含含糊糊的话，让对方摸不清楚。其实，我们只要有话可以让对方先说，如果让不过，便应该好好地说，相信对方也会拿出诚意，彼此善意地沟通。

一般人最大的错误，在“圆滑”与“圆通”之间把握不住分寸，以致圆通不成，反为圆滑所害。

从现象上观察，圆滑和圆通，都离不开推、拖、拉。凡是极端痛恨推、拖、拉的人，固然可以避免圆滑，却也十分不幸，无法获得圆通的神妙。不懂得圆通的道理，势必吃尽苦头，于是为求自保，不得不走上圆滑的道路。多少人走上这条歧途，却一辈子弄不清楚，真是非常冤枉。

其实，圆滑和圆通，不过是动机有所差异。为了把事情做好而用心推、拖、拉，很可能是圆通；若是为了推卸责任或拖延时间而盲目推、拖、拉，必定是圆滑。圆通的结果，大多把事情做好；圆滑的结果，大多人人埋怨。

人际的技巧，必须圆通而绝不圆滑，才能够获得和谐的结果。就算不能人人满意，也勉强可以接受（如图5-3）。

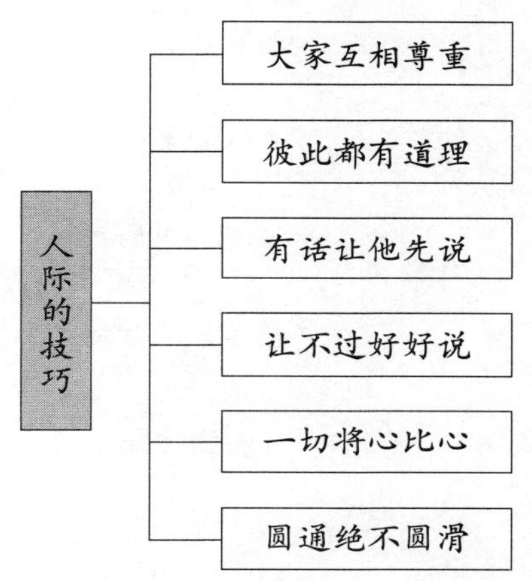

图5-3　人际的技巧

专业的技能，当然也十分重要。员工受过相当的教育，修习专业的课程，而且接受必要的训练，可以说具备专业的技能。

对于新进员工，应该重视其学历，具有什么学历，就给予与之相称的职位。但是，进入企业以后，便不应该再重视学历。这时候应该重视他的实际表现，以表现的优良与否，来决定他的晋升或调整。员工刚来时不了解他，只能依据他的学历来判断；进来之后已经有实际了解的机会，如果工作做不好，高学历也等于零。

善于吸取相关的经验，随时留意搜集有用的情报，并且具有接受挑战潜力的人，才是继续保持专业技能的可靠人才（如图5-4）。最好还要加上乐意迎接挑战的意志，因为有能力不想表现，等于没有能力；有能力适当表现，即为有效的能力。受到欢迎，能够合理地把能力表现出来，便是我们所说的有本事。

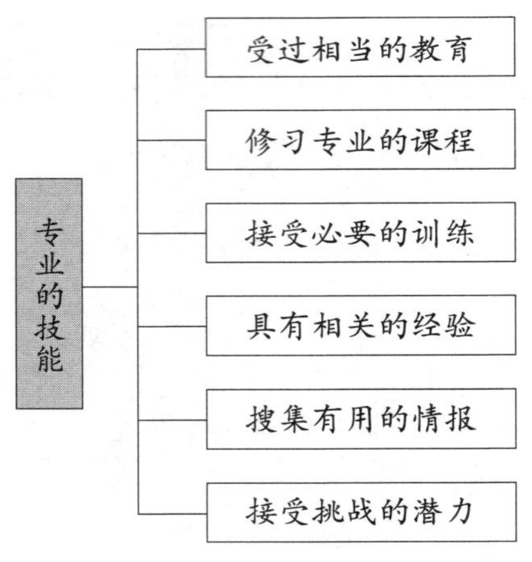

图5-4　专业的技能

专业的技能十分重要，可惜不能如意地解决问题。这是我们常听到的抱怨，甚至因此而把责任推到他人身上，认为人不好，才使得专业技能失去功效。这种观念，不但不正确，而且会阻碍具有专业技能的人士的长进。因为专业技能尚须配合人际技巧，产生合理的态度，才能够获得充分的自主。能做事的人，如果不会做人，那么事情办不好，造成若干不必要的困扰，乃是意料中的事。

科技非常重要，但是科技不能解决所有的问题。人性的需求，往往与科技背道而驰。有本事的人，除了拥有科技技能，还需要对人性有比较深入的了解。合乎人性要求的科技技能，远比单纯的专业技能要有效得多。

本节小结

富于沟通力的人际技巧，必须圆通而绝不圆滑，才能够获得和谐的结果。

确保做好工作的专业技能也十分重要，如果能配合人际技巧，产生合理的态度，就能够获得充分的自主。

自我的定位与合作的心理

任何组织，都必有其层级。员工自我定位，便是明白自己所处的地位，把自己的上下左右都看得清楚，知道如何做好配合。定位的工作，相当于找到自己立足的位置，在组织中定位，是与人合理配合的第一步。

一个人必须充分了解自己应尽的责任，然后有恪尽职守的决心，才能够说到做到，甚至先做后说，或者多做少说，真正用心把工作做好。有些人常抱怨没有人告诉他应该尽什么责任，我们倒要问问他："为什么不会去问？"特别是中国人，常常是"你不问，我不好意思说"。所以，有诚意的员工，自己会去探讨有关的规定和往例，而不是坐等别人告诉他。先看看自己的工作职责表，再仔细想想，最后一条"其他"指的是什么，和其他同人商量，应该可以知道自己到底应该做些什么。

恪尽自己的本分，容易陷入本位主义，必须心中有目标，而且愿意配合整体需求，才能够自动地调整自己的步伐，使自己在定位中具有灵活性，及时配合上下左右的动态。换句话说，先把自己的本分工作做好，却不能够因此而满足，还要随时腾出时间来，支持其他的同事（如图5–5）。

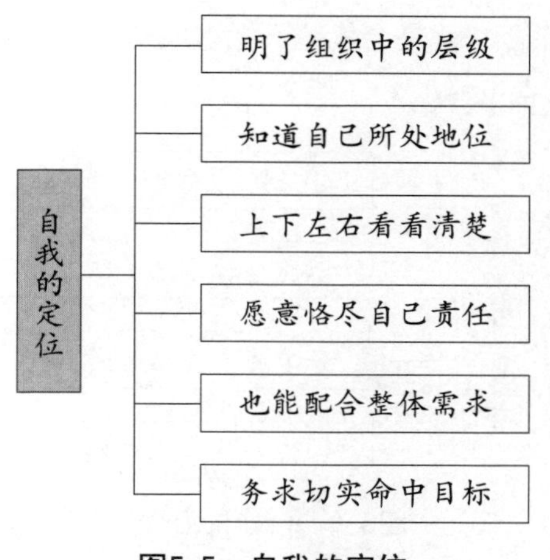

图5-5　自我的定位

事实上，升迁快速的人，大多具备两个主要条件：

第一，本分工作做得很好，让上级十分放心。

第二，有余力可以支援其他同事，表示自己仍然可以承担更多、更重要的任务，当然具有升迁的优势。

自我定位，却不能限制自己。定位清楚，别人才明白主从的关系。不能少做事情，使同事信服；尽力支持他人，使上级安心地升迁。有本事的人，必能两面兼顾并重。

有组织还要具有组织力，才能发挥整体的力量，亦即把各人的分力结合成为众人的合力。

大家首先都应该认清：分工乃是必要的“罪恶”。对人性化管理而言，分工实在是相当违反人性的措施，它使得工作单调乏味，人变成一个小螺丝，似乎没有什么价值。然而，不分工无法专精，也很难快速地完成。分工如果为了合作就有价值、有意义；分工若是不能合作，或者妨害合作，便有待心理上的调整。

员工知道分工的目的，是在求密切合作，但还要觉悟，最好从自己做起。唯有每一个人都愿意知行合一，自己走出合作的第一步，他人才愿意配合。彼此配合，就是合作的开始。具有愿意与人合作的心理，是良好本事的一环（如图5-6）。

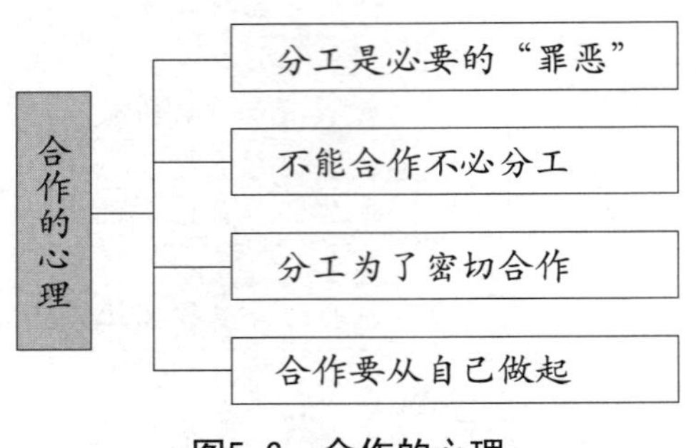

图5-6　合作的心理

很多组织空有组织的形式，拥有组织的名义，实际上却产生不出有效的组织力。换句话说，只能够把各成员的身体，安排在不同的层级和职位上面，却始终无法把大家的心都紧密地拉在一起、绑在一起。

本位主义很重，不敢聘用有更高才能的人，或者成员都很有能力，却各有成见，整合不起来。这种情况，说起来就是缺乏组织力的症状。

组织的目的，在结合众人的力量，并且放心地聘用能力高超的人。各有所长，并能够充分合作，才能产生整体的合力。组织成员，先要在心理上有所准备——为了合作而分工，凡事站在整体的立场来考虑，不能够只顾及自己却不能与人密切配合。不论有多么高超的能力，配合度仍然是大家期待的重点。

本节小结

了解自己在组织中的定位是与人合理配合的第一步。恪尽自己的职责，多做事情，让上级放心，让同事服气。

拥有愿意与人合作的心理，是与人合作的第一步，他人才愿意配合，彼此配合才能共同达成目标。

思考

1．你有顾全大局的心态与自主觉醒的意识吗？

2．日常工作中，人际的技巧与专业的技能你是否都具备？

3．你对自己的定位明确吗？你愿意与他人合作吗？

第六章

激励的两大因素

人类具有两种不同的需要，
彼此独立，而且影响行为的方式也不相同。

第一种需要，希望得到良好的工作环境，
主要功能，在防止产生不满意工作的情绪。

我们对工作不满意，往往导因于对工作环境不满。
赫兹伯格把它叫作保健因素，又名维持因素。

第二种需要，盼望得到激励。
主要功能，在经由适当激励做出良好的表现。

赫兹伯格把它称为激励因素。
因为只有工作本身，才是真正有效的激励。

工作环境只能防止不满，
工作本身的成就，才具有激励作用。

认清激励的两大因素

心理学家赫兹伯格（Frederick Herzberg)指出：使员工觉得满足的因素和觉得不满足的因素并不相同。前者大多属于内在的，如成就、被赏识、工作本身、责任、升迁或成长；后者大抵为外在的，如企业政策及行政、监督或管理、待遇、人际关系、工作环境以及安全感等（如图6–1）。

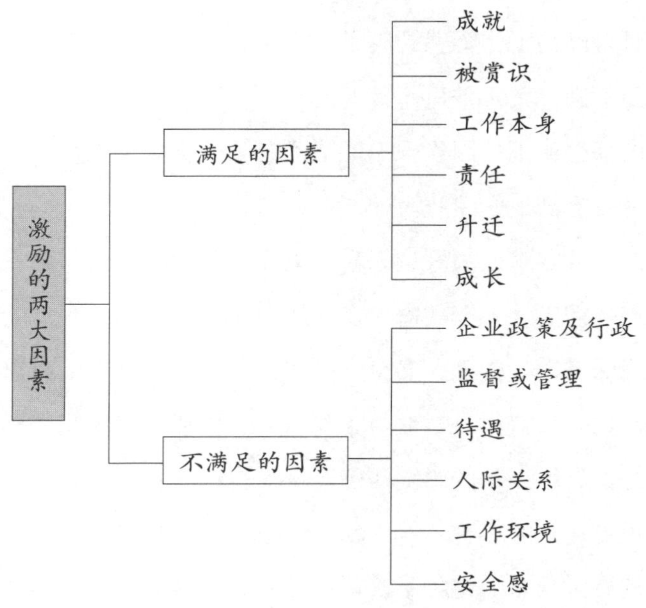

图6–1 激励的两大因素

当员工觉得工作满足时，他所列举的因素，多为内在的；当员工觉得工作不满足时，他所列举的因素，则多为外在的。赫氏认为：我们把造成不满足的因素去除时，员工未必就会觉得满足；相反地，我们提供满足的因素，员工也未必会觉得满足。

赫氏把内在的因素，称为激励因素（Motivator)，把外在的因素，称为保健因素（Hygiene factors)，又名维持因素（Maintenance factors)。

著名管理学者张金鉴先生指出：赫兹伯格这种双因素理论，虽然具有相当的价值，但仍有一些地方值得商榷。

第一，事实上，维持因素也具有激励作用，并非完全消极的防弊。

第二，研究时所调查访问的对象，只限于工程师及会计师，而且人数也不过几百人，在抽样方面的代表性和广博性都显不足。何况这些受访的工程师、会计师的地位、智力水平、收入都已较高，低层级的需要多已满足，所以维持因素不具激励作用的结论，不一定适用于一般人。

第三，双因素理论，可以说是对事实的一种解释，不能算是发明或创造。人对自己的工作会感到满足、光荣和骄傲，对管理当局的政策和行政会感到不满，其实是显而易见的现象。

外在的保健或维持因素，只能消除员工的不满与怠工，不能激励员工发挥潜力或提高工作绩效。

从马斯洛的需求层次理论来看，人类有五种主要的需求，由低至高依次为生理的需求、安全的需求、所属与相爱的需求、尊重的需求，以及自我实现的需求。生理、安全、所属与相爱以及基本的尊重，都属于维持因素，如果获得满足，对员工而言，并不能引起满足的感觉，一般来说，只是没有不满足的感觉而已。

因为没有满足的感觉，所以不能产生激励作用。但是，一旦不满足，就会明显地感觉出来。这种不满足的感觉，可能导致不满，甚至引起怠工，不自觉地降低工作意愿，因而降低生产力或工作绩效（如图6–2）。

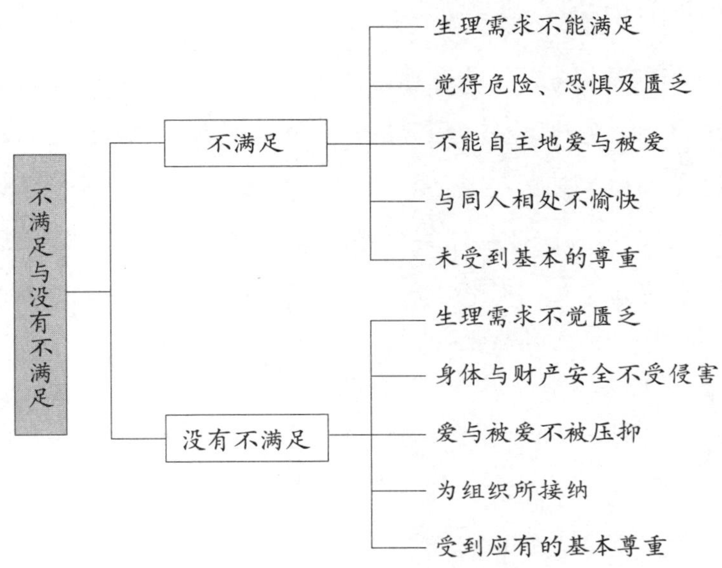

图6-2　不满足的反面是没有不满足

生理的需求，如食、衣、住、行等，主要在维持生命。安全的需求，产生于生命得以维持，也就是生理需求满足之后，主要求不受外来侵害，并免于意外灾难。获得安全保障之后，又兴起社会的需求，进而希望得到他人的接受、承认、友谊和社交。社会需求满足后，自然要求他人的尊重与敬仰，形成尊重的需求，表现在力争上游、出人头地，以期获得名利和权位，来提升自己的地位和声誉。这些比较偏重维持因素的需求满足后，便再高一层，形成自我成就的需求，经由工作所获得的成就，以实现自我，造就立功、立德、立言等不朽的贡献。马斯洛的需求层次理论，固然未经实证，似乎也难以实证，却获得很多人的认同，可见有独到的见地。

本节小结

赫兹伯格的双因素理论，使我们明白保健因素只能维持，不能产生激励的作用。对于应该维持的措施，组织当然要尽力做好，以奠定激励的基础，使成员不致产生不满的情绪，从而阻止弊害的发生，至少维持可以工作的情境。但是维持因素只有“不满足”和“没有不满足”，不能产生“满足”的感觉，所以常常成为指责的对象，而不是感到激励的对象。我们对员工的这种反应，最好给予谅解。

外在的维持因素主要在保健

外在的维持因素有很多，具体的内容如图6–3所示：

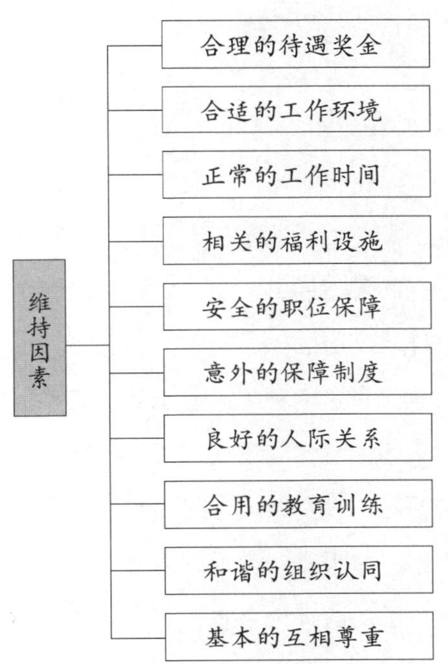

图6–3　维持因素主要功能在保健

第一，生理的需求方面：待遇、奖金必须合理，使员工觉得没有受亏待；工作环境要合适，无论采光、通风、交通以及有关布置，都应该注意调整；工作时间要正常，中间有合理的休息；相关的福利设施要齐全，包括身体的保健、休闲与娱乐。

第二，安全的需求方面：职位有保障、意外有保险、退休金也要有着落。

第三，所属与相爱的需求方面：与同人相处愉快，觉得人际关系良好；合用的教育训练；和谐的组织认同。

第四，尊重的需求方面：获得基本的互相尊重，相信只要我尊重同人，同人也一定会尊重我。

以上所列举的项目，如果合在一起，相当于我们常说的“安人”。人得其安，表示维持因素十分齐全。

员工当中有一些“求职业者”（Employment Seekers），以养家糊口为目标，比较重视安定的工作和安全的保障；然而有一些“求工作者”（Job Seekers）却并非如此，他们的需求不在求得某项职务，而在确定某种任务。他们期望组织能够认定他们的重要性，甚至于不可替代性。管理者最好把这两种不同的心态，做好相当程度的理清，因应不同的需求，做出不一样的反应。

同样的维持因素，在这两种不同心态的员工心目中，具有不一样的需求。管理者把握求职业者比较重视前两种因素，而求工作者往往更为重视后两种因素的原则，分别做出合理的调整，应该能够更为安人。

内在的激励因素，如果得到满足，会激励员工发挥潜力或提高工作绩效。从马斯洛的需求层次理论来看，个人荣辱受尊重的需求，以及自我实现的需求，就属于激励因素。员工在生理、安全、所属与相爱、基本尊重等需求没有不满足的感觉之后，如果其地位或名誉被认定或被尊敬，便能够追求更高层级的自我实现，因而希望充分发挥自己的潜力，做出一些令自己觉得有意义、有价值的事情，亦即产生激励的作用。若是生理、安全、所属与相爱、基本尊重等需求，仍然有不满足的感觉，那么激励的作用就可能产生不出来。

满足的反面是没有满足，员工不能受人尊重，觉得他人不重视自己的荣辱，他就不会追求自我理想的实现，不能够自动自发地发挥自己的潜力，这时他会觉得没有满足，因此产生不出激励的功效（如图6–4）。

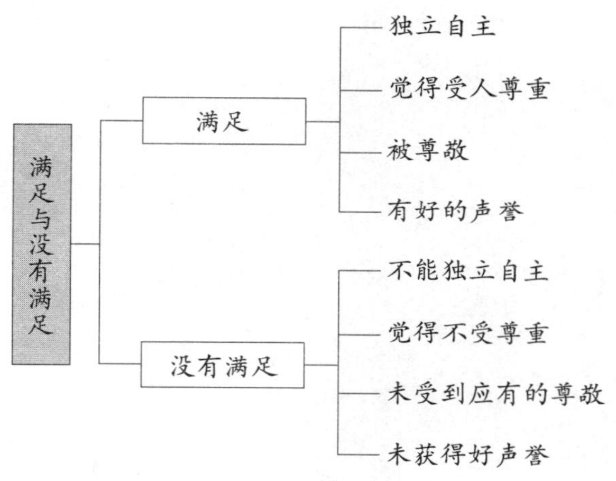

图6-4　满足的反面是没有满足

张金鉴先生指出：马氏的需要层级，并非固定的硬性结构。各层级之间，并没有明显的界限，彼此常互相重叠。当某一需求的强度逐渐降低，另一需求的强度便因而升高。马氏所列的顺序，实际上也不是人人如此。有些人始终维持在低层级的生理与安全需求，便心满意足；有些人则是自尊心、成就感远大于生活与安全，终于成为杀身成仁、舍身取义的仁人志士。不同的人，所表现的行为可能相同，但所要满足的需求则不一定相同。管理者最好详加分辨，以资因应。能够把一般需求和个别需求做一番了解和分析，并据以设立具有吸引力的目标，应该是合乎目标管理的有效激励。

本节小结

只有激励因素才能产生“满足”的感觉，员工在这一方面若是觉得“没有不满足”，他就需要合适的激励。我们可以通过各种内在的激励因素，并且配合各人的个别差异，来施以合理的激励。重要的是，人的需求很可能随时变动，必须提高警觉，力求有效。不应该对某人固定施以不变的激励，以防止久用降低或失去效果。

维持因素与内在的激励因素要互补

内在的激励因素主要包括的内容如图6–5所示：

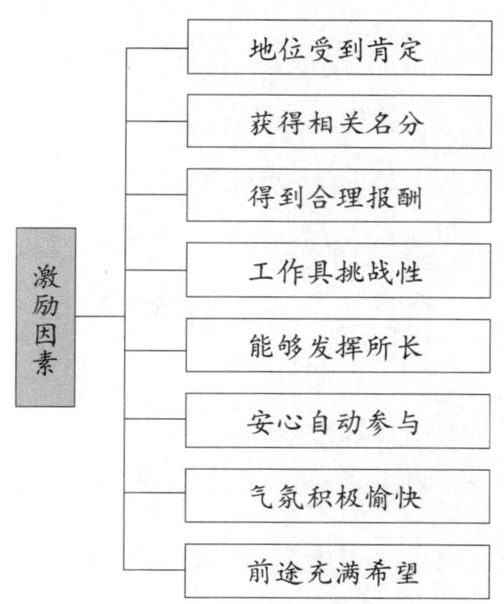

图6–5　内在激励因素要重个别差异

第一，员工在组织内的地位应该受到尊重，而在组织外所获得的荣誉，也应该给予肯定，以提高其荣誉感。

第二，衡量员工的名分，给予合理的报酬。即在待遇之外，适当予以表彰或奖赏。

第三，工作具有挑战性，让员工得以发挥自己的长处，有为所应为的满足感。

第四，能够安心地自动参与。不必担心参与之后，会受到冷落或排斥。相反地，有充分信心，认为自动参与可能受到大家的欢迎。

第五，气氛融洽，充满积极而愉快的精神，觉得前途十分光明，因而乐于追求自我理想的实现。

以上所列举的事项，都和工作本身有关，能够促使员工获得某种程度的满足，产生若干激励作用。

员工的命运，大部分决定于他所担负的工作。而工作表现的好坏，则常决定于组织对他的反应。因此，自己究竟在组织中占有什么样的地位、是不是受到大家的肯定等，通常成为员工最为殷切期望的焦点。员工若非过分愚昧无知，必然对自身在组织中的角色有相当的了解。员工和组织的关系既然如此密切，大家对组织的事务当然乐于参与，但是，大家也关心参与的结果会不会造成个人的不安？因此，各级管理者都应该塑造一种令人安心参与的气氛，使大家充满信心，在组织中与同人进行交心、绑心、连心的相关活动。

外在的维持因素，有如喷洒农药，只能防止病虫害的侵袭，使农作物获得保健，并不能促使农作物成长。寄望于维持因素，不可能产生激励作用。但是，没有这些维持因素，也将丧失保健的功能，难免产生弊害，引起员工的不满。

内在的激励因素，好比施肥，如果选用合适的肥料，的确可以帮助农作物获得成长。施肥不能防止病虫害的侵袭，却能够促使农作物成长，也就是获得激励的成果。

这两种因素看似彼此独立而互不干扰，其实不然。外在的因素过强，有时会影响到内在因素的力量。例如，甲原本十分喜欢做某事，当他做好以后，受到外在的奖励，甲反而怀疑自己做某事乃是为了获得奖赏，不太像自己喜欢做的。下一次如果没有外在的奖励，而自己仍然乐意去做某事，他会觉得自己原来还是十分喜欢。这种内在的激励，带给他更多的喜悦。可见，维持与激励因素是此消彼长、互相影响的（如图6–6）。

图6-6　激励的两大因素要互补

激励的主要目的，应该是促使员工自动自发，十分喜悦地把工作做好。若是激励的结果，反而使得员工原本喜欢做事的主动心态，转变为期待激励，然后才去做事的被动态度，岂非适得其反，有害而无利？

由此可见，做好本分工作，应该是天经地义的事情，否则就是不胜任。对于不胜任的人，不把他改造成胜任，或者干脆换人，却讲求无效的激励，根本就不是合理的措施；胜任的人，为求其好还要更好，这时候施以激励，才是合理的做法。

本节小结

维持因素应该普遍实施，使组织成员都受到相当的照顾。激励因素则视个别差异而适时调整，因为我们只激励有本事的人，而且愈有本事愈应该给予特别的激励，以符合“有本事就来拿”的基本激励精神。

思考

1．你对激励的两大因素有何看法？

2．为什么满足的反面是没有满足，而不是不满足？

3．你认为激励的两大因素需要互补的原因何在？

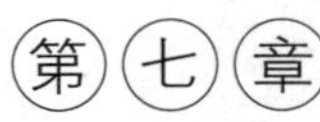

激励的维持因素

维持的意思是：只能防止，并不能增加。
它不会使生产力成长，主要是预防怠工的情况。

缺乏维持因素到某一程度，
大家对工作就会感到不满足而引起不愉快。

维持因素，不能产生对工作的满足感，
因为它毕竟无法激发出积极的激励作用。

赫兹伯格把维持因素叫作保健因素，
乃是援引医学名词，强调预防的意义。

维持因素包括企业政策与管理是否安人，
然而最主要的，则是工作环境的适意与否。

安人的政策与良好的工作环境，
可以防止员工产生不满，减少弊害。

安人是激励的维持因素

安是人生的根本要求，中国人一个“安”字，代表多少安慰与欣喜。孔子希望我们用“患不安”来消减员工的不安，因为“安”乃是激励的维持因素。然而，员工不可能完全达到安的地步，不安只能消减，无法消灭。因为安随时可以变成不安，必须注意机动调整，以求因时、因地、因人、因事而制宜。

员工的安，主要建立在同人与环境这两大因素上。而人境互动，因此产生愉快的工作环境、可以胜任的工作、适当的关怀与认同、同人之间融洽与合作、合理薪资制度与升迁机会、良好的福利、安全的保障、可靠的退休制度以及合乎人性的管理等需求。

安则留，不安则去，乃是合理的反应。员工安的程度不同，认为大安、久安、实安、众安的才会安心地留下来；认为小安、暂安、虚安、寡安的，虽然留着，心中仍有不安，必须设法予以消减（如图7–1）。

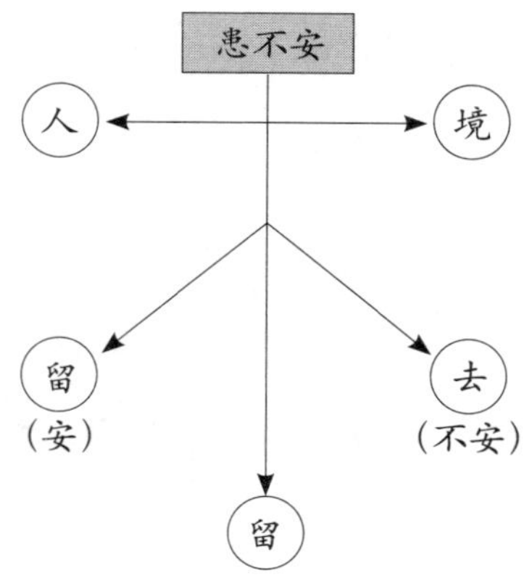

图7-1 安人是激励的维持因素

大安和小安、久安和暂安、实安和虚安、众安和寡安，最好不要分开来想。认为大安、久安、实安和众安才是良好而值得追求的；小安、暂安、虚安和寡安不过是不好而且不值得期待的，那就过分理想而难以达成。

因为由小安而大安、由暂安而久安、由虚安求实安、集寡安为众安，比较实际可行，所以，合起来看才不致落空。要紧的是，不能够排斥小安、暂安、虚安和寡安，却一定不能以此为已足，必须更进一步，努力求取大安、久安、实安和众安。发扬“不停滞”的精神，一路追求下去，才能消减不安而渐趋于安。

安的反面是不安。企业不能做到“有本事就来拿”，过分相信甄试及测验，以致不知如何识才、觅才、聘才、礼才、留才、尽才，员工就会不安。家族式经营并非不好，但是如果不敢相信外人，不能容才、用才，从而构成员工“留也不是，去也不好”的不安。管理者不了解真正适合中国民族性的领导、沟通、激励方法，不能人尽其才，也会引起员工的不安。

当然，企业的经营方针不明确、缺乏技术开发能力、劳务政策不能因应时代的潮流或者不能重视整体发展，都是员工不安的诱因。

不安的象征，最具体的，莫过于高阶不放心、中坚不称心、基层不热心。必须设法做到高阶放心、中坚称心、基层也热心，才是真正安人的表现（如图7–2）。

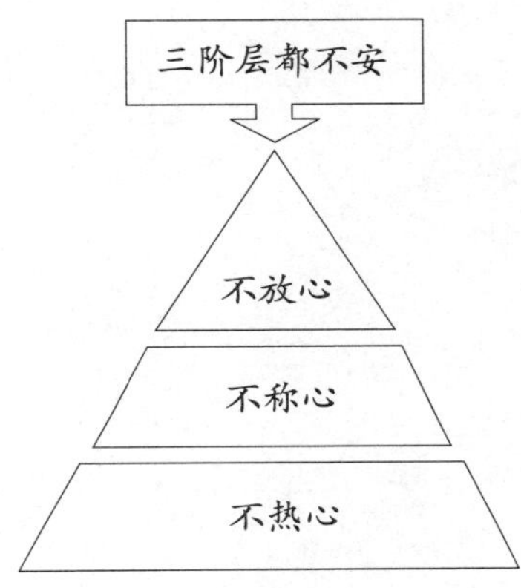

图7–2　组织三阶层都不安

基层员工原本十分热心，由于工作环境不满意、工作气氛不良好，往往愈来愈不热心，保留不被开除的工作水准，能混即混。高阶主管看在眼里，当然不放心，就算勉强放心，也会放不下心，整天提心吊胆，不敢掉以轻心。处在这种状况中的中坚干部，当然不可能称心如意。要想改变这种恶劣的情境，必须由中坚干部做起，时时用心承上启下，圆满达成任务。以关心的态度来激发基层员工的热心，用高绩效、高士气来促使高阶主管放心。否则一天到晚埋怨上面不放心，责怪下面不热心，并不能改变恶劣的情况，连带自己也称心不起来。使下属热心、使上级放心，是中坚干部的主要职责，也是使自己早日能够称心如意的唯一途径。

本节小结

激励的维持因素，只能防止员工怠工，不能激发其发挥潜力。领导不可以为有了维持因素，便期待员工自动自发把工作做好。员工一心一意，只求维持不被开除的水准，对组织的生存发展实在有很大的威胁。必须更进一步，使其在安定中不断求上进，才是有效的激励。

四种常见的员工形态

一般而言，大致有四种常见的员工形态（如图7–3）：

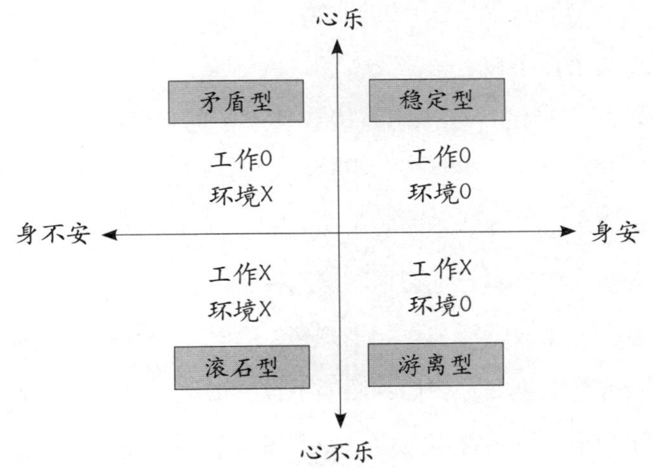

图7–3　四种常见的员工形态

第一，稳定型。认为工作胜任愉快，而工作环境也相当良好，自然身安心乐，称之为稳定型。因为这一形态的员工，多半会稳定下来，不容易见异思迁。

第二，矛盾型。认为工作胜任愉快，而工作环境则有很多不如意的地方，去留之间相当矛盾，时常犹豫不决。

第三，游离型。认为工作环境相当良好，不过工作则不能胜任。遇到有更合适的工作机会，就可能离职他去，所以称为游离型。

第四，滚石型。工作不胜任愉快，对工作环境也有诸多不满。在这种情况下，实在很难安心工作，以致骑驴找马，一有机会便准备跳槽。

对于稳定型的员工，我们应该设法加以合理的激励，使其在安定中不断求取进步，与组织同步成长。

稳定型的员工，如果安于现状，就会付出多于输入，终久掏空自己，成为呆人。许多组织中的功臣，不出多年，就变成人力资源的重大包袱，便是身安心乐而不知求取上进所造成的恶果。必须终身学习，活到老学到老，才能随着组织的成长而不断上进，使自己保持合用的才能，不致成为去之不仁、留之无益的过气老臣。

把稳定与不稳定合起来想，构成动态中的稳定状态，对组织和个人都最为有利。身安心乐之际，仍然应该保持高度的忧患意识。换句话说，能够居安思危，才能不断吸收新知识，加强自己的实力。不论内外环境怎样变动，都能够有把握地随遇而安。

矛盾型的员工，觉得工作相当理想，舍掉十分可惜。但是，在工作环境方面则有许多不安。例如，照明不佳、通风不良、交通不便、噪音太大、空间太小以及用餐不方便、安全不放心等，使员工觉得内心非常矛盾："走，可惜；留，难过。"

这时候我们应该把员工的不安区分成为个人的或集体的两大类：个人的个别解决，集体的则由企业统一予以改善。否则置之不理，小小的不安可能会累积成大大的不安；而个人的不安，也可能汇集成大众的不安。

消减工作环境方面的不安，可以按"马上能做的，立刻解决；过一段时间能改善的，宣布时间表；暂时不可能的，诚恳说明困难所在"的原则，逐一改善或说明。只要员工觉得合理，自然会消减不安的感觉，改变形态，从矛盾型转为稳定型，因而安心工作（如图7–4）。

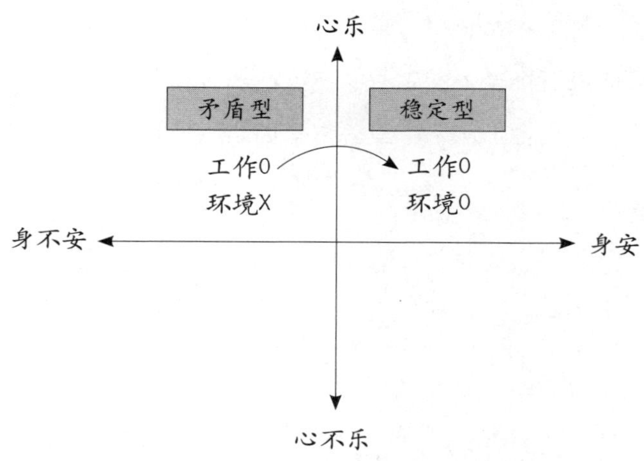

注：“0”表示满意，“X”表示不满意。

图7–4　改善工作环境消减矛盾

马上能够解决的问题，若是拖拖拉拉不去解决，大家就会觉得管理者不重视或者没有诚意，而心生反感。问题如果愈早解决愈好，为什么不马上加以处理？快速动手，一方面表示重视，一方面也表达诚意，何乐不为？

不能够立即解决，或者仓促处理很可能产生不良的后遗症，这时候不妨采取预告式或安慰式的处置方式，把可能解决的时间预先宣示，使大家耐心等待；或者把不能解决的原因详加说明，使大家换一个角度，试图从其他的途径来思考，不致引起众人的怨责。

盲目地推、拖、拉，是一种圆滑的态度，大家都不喜欢；有诚意地合理推、拖、拉，才是圆通的艺术。

本节小结

一般而言，大致有四种常见的员工形态，即稳定型、矛盾型、游离型和滚石型。矛盾型的员工觉得工作相当理想，但在工作环境方面则有许多不安。所以，我们要努力消除他们在工作环境方面的不安，使他们从矛盾型转为稳定型，从而安心工作。

适当调派工作或劝导另谋高就

游离型的员工，认为工作环境相当理想，可惜工作很难胜任，当然谈不上愉快。

工作的胜任与否，直接影响员工的工作绩效及工作满足感。员工的个别差异，正是领导指派工作时必须考虑的因素，员工的特质如果配合工作的特性就最好不过了。例如，成长需求较高的员工，给予比较复杂的工作；而成长需求较低的员工，则不妨调派比较简单的重复性或标准化的工作。

实施在职训练，乃是促使员工由不胜任到胜任的一种方法。定期或不定期的工作轮换，则是增加员工工作变化性的有效方式。变化性加大，可以降低对工作的厌倦程度，是工作的横向扩大。工作丰富化在垂直方向有所延伸，可以增加员工的自主责任，使其获得更为完整的满足。工作改善，自然减少员工的游离感，促使其趋向稳定型（如图7–5）。

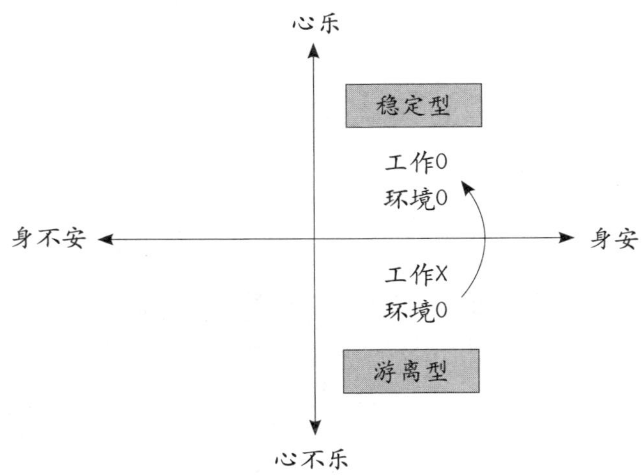

注："0"表示满意，"X"表示不满意。

图7-5　适当调派工作减少游离

我们考察一位领导有没有本事，第一项就是看他分配工作的能耐有多大。一般而言，十件工作当中，下属有六件以上做得不好，只有四件以下工作还差强人意，我们就会认为，他的领导对他实在不够了解。如果不是故意整人，便是缺乏知人之明，不能够适才适用。

当然，十件工作当中，下属有六件以上做得很好，只有四件以下处理得不够理想，我们会认为这位下属并未尽心尽力，才有此疏漏，对领导指派工作的能力，不致产生怀疑。对这样的下属，领导应该施以在职训练，设计各种不同的情境来磨炼下属，使其在工作中持续成长，保持可用、有用的最佳状态。游离型的员工，若能遇上这样的领导，应该可以安定下来，专心做事才对。

滚石型的员工，由于工作与工作环境俱不合适，因而身不安心不乐。这种心态如果不予以改变，员工就会变成不做事、光捣蛋的滋扰分子，令人头疼不已。

人力资源部最好和他谈谈，不必直截了当地指责他，用一个中国人熟悉的“缘”字来沟通。先说他似乎和现在的领导没有什么缘分，所以处得不愉快，工作绩效也不高。然后让他挑选认为比较有缘的领导，如果愿意接受，便调部门试试；若是不愿意接受，也让他明白，并不是大家都欢迎他。调职之后有所改变，等于救活一个人；没有改变，则问问他的感想。自愿离职最好，如不自愿离职，再由比较亲近的同事劝导他；不听，和他家人谈谈；再不接受，人力资源部可以正面劝导其离职（如图7–6）。

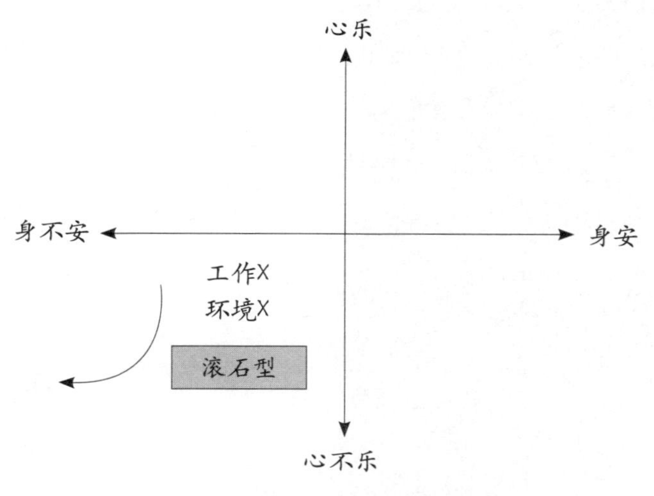

注：“X”表示不满意。

图7-6 实在不安劝导另谋高就

我们虽然主张情同手足，一家人必须和谐相处，彼此相安。但是，我们也认为有必要时，要不得已壮士断腕。因为长痛不如短痛，不应该拖拖拉拉，让这些滋扰分子毫无顾忌地不做事、光捣蛋。

由领导直接处理此类问题，有时候很难启齿，也不容易下手。毕竟同一个组织，家丑不宜外扬。说起来领导也有一些责任，怎么把人带成这个样子？由人事主管从旁处理，反而比较客观，也比较好开口。不是领导的错，也不是下属的错，主要在双方的缘分不足，听起来大家都有面子。如果和这位领导不投缘、和那位领导也不投缘，大家心知肚明，这位下属一定有问题，他自己也不好意思再留下来，让其自动离职，当然是上策。否则由亲近的同事劝他、由家人劝他，仁至义尽，就可以辞掉他。

本节小结

游离型的员工认为工作环境相当理想，可惜工作很难胜任。对他们实施在职训练或工作轮换，通过改善工作，减少他们的游离感，促使其趋向稳定型。

滚石型的员工由于工作与工作环境都不合适，因而身不安心不乐。对他们可以实施劝导或调换其工作，如果还是不安，则应该当机立断，以免后患无穷。

思考

1．你对激励的两大因素有何看法？

2．你认为应该如何改善工作环境以消减矛盾？

3．对游离型的员工与滚石型的员工你是如何处理的？

第八章 激励的激励因素

人们对工作不觉得满意，
主要是基于对工作环境的不满。

如果对工作表示满意，
则是满意于工作本身。

具有挑战性的工作、较大的责任，
这些才是真正的激励因素。

它不但对工作满足有积极的影响力，
而且会有效地提高生产力。

维持因素必须加上激励因素，
才能够收到激励的效果。

激励因素要与维持因素相配合，
才有可能达到有效激励的目的。

安人之外需要增强物

严格说起来，安人是管理的最终目的。安人之外别无他物，我们这里所说安人之外的增强物，乃是为方便而说的，意指制度以外的一些措施。

制度很重要，但是制度以外的事项影响也相当重大。例如，制度不可能规定领导必须关怀下属、给予及时的辅导、认可并赞扬下属良好的绩效等，但是这些制度没有规定的事项，对下属往往具有很大的激励作用。

我们总括一句话：希望下属把工作做好，首先就要解决他的问题。下属的问题，来自他的欲望，而欲望是不断增长的，因此领导替下属解决问题，也是水涨船高，好像永远没有终了。安人是普遍性的，安人之外的增强物，则属于比较特殊性的，需要个别解决才会产生不同的激励（如图8–1）。

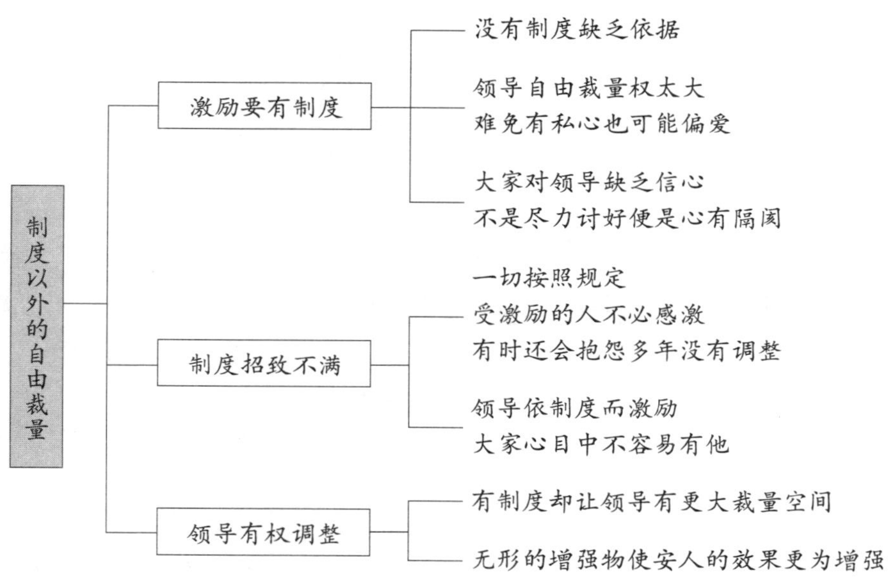

图8-1　制度以外的自由裁量

事实上，按照制度施以激励，被激励的人认为这是规定应该给予的，并没有什么特殊的地方值得特别感谢。有时候还会觉得委屈，抱怨这么多年来，奖赏的标准一直没有调整，跟不上货币贬值的步伐。若是因此而提高，其他人员也会视为因人而调整，发出不平之鸣。我们常常觉得，好像什么都可以制度化，只有激励不应该完全制度化，就是因为一切按照规定，获得奖赏的人不感激，其他的人却认为不公平，大大地降低了激励的效果。当然，完全没有制度也不可行，大家会认为领导的自由裁量权太大，难免有私心、有偏爱。

把有制度与没有制度合起来想，有制度，却留给领导相当大的自由范围。大家对领导格外看重，心目中有领导的存在，而领导也公正无私，自然两蒙其利。

一般而言，激励有以下三大原则（如图8–2）：

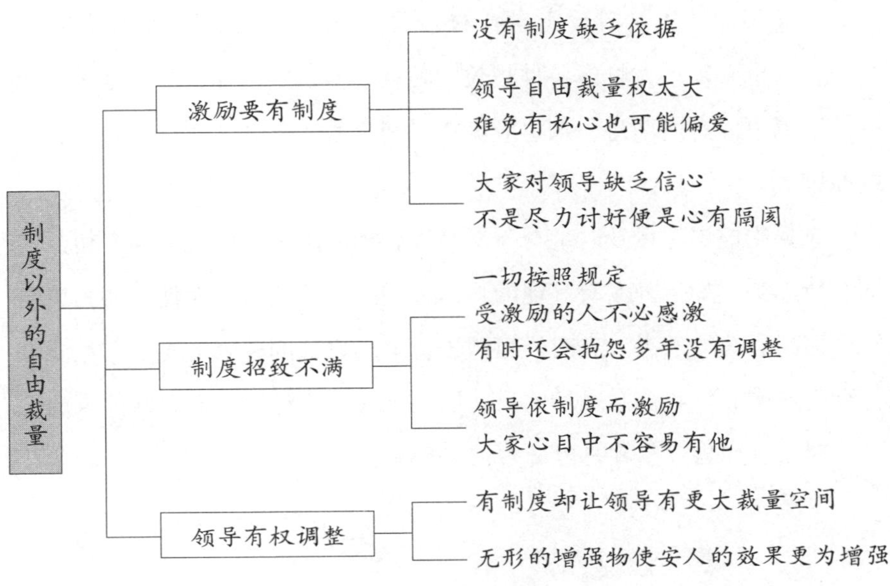

图8-2　激励的三大原则

领导站在下属的立场来了解他的感受、要求和苦恼，下属才能够接受领导的关心，并且给予相当的回报。有些人一想到“将心比心”，便认为“要求对方的想法和我一致”，或者“放弃我的观点以便接受对方的想法”。这两种念头都是不正确的，真正的“将心比心”乃是“和而不同”，了解他的感受却未必要接受他的感受。同情不一定同意，使双方达到融合的一体，然后彼此合理地互动。只要我心中有你，你的心中也有我的存在，应该可以合理地找出平衡点。

领导认可并赞扬下属良好的绩效，下属开始信赖领导，向领导伸出友谊之手，领导再给予适当的启发或指点，下属就会更进一步，贡献出自己的心力。

要赞扬下属的绩效，而不是赞扬他本人。人都是好的，好人能够做好事，好事才值得赞扬，而下属会继续去做，同时别人也会跟着模仿，大家一起来做好事。

下属不需要太快流露出自己的感觉，因为领导固然有自由裁量的权力，却也必须多方顾虑各种相关的因素，不一定会那么快速地表现出来。下属可以有所期待，却也应该在时间上耐心等候，才符合将心比心的原则。

领导则应该尽量及时地对下属施以合理的激励，以免下属不耐久候而有所不满。如果确实有其他的顾虑，最好先暗地里告诉他，使其情绪平稳而耐心等待下去。有时候坦诚告诉下属自己的苦衷与无奈，也能够打动下属的心，收到激励的效果。激励某人，若是因此而引起他人的不满，对激励而言，实在是顾此失彼，很不值得。

本节小结

安人是管理的最终目的。安人之外还需要一些增强物，即制度以外的一些措施。

领导与下属都遵循激励的三大原则，站在对方的立场思考问题，彼此将心比心，力求合理的平衡点，才能达到激励的效果。

合理有利的人事政策

组织不敢明言“全部内部升迁”，否则大家联手把表现特优的人排挤掉，再逐一打击有能力的人；组织也不敢明言“全部向外挖角”，因为“空降部队”会严重打击原有人员的士气。合理的人事政策，乃是“内部升迁优先，但不排除到外面去挖角”，即组织信赖自己的员工，却不能完全依赖现有的同人，需两面兼顾以策安全（如图8-3）。

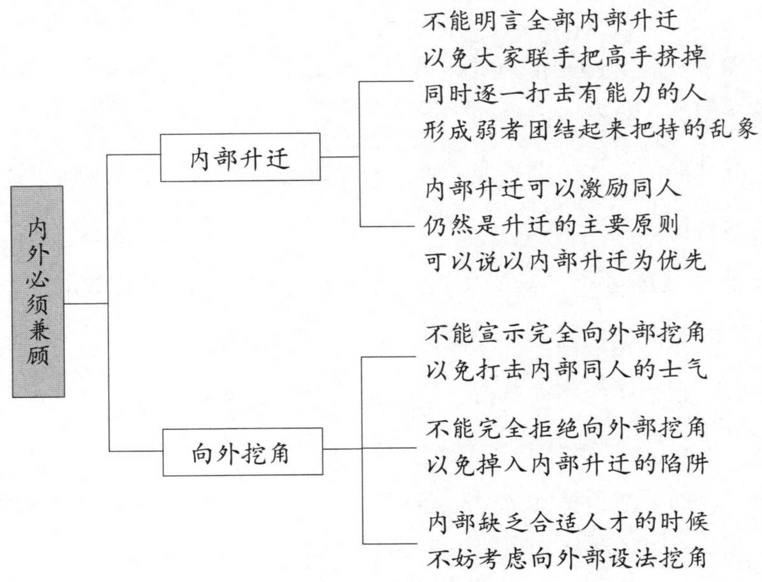

图8-3　合理有利的人事政策

公正的晋升或调迁，是有效的激励措施。关键在大家的认知——究竟是否公正。所以，领导的决定，才是众人信服与否的焦点。大家认为公正，就会产生很大的激励作用；如果认为不公正，再怎么宣示和说明，也无济于事。

说到做到，建立组织的信用最要紧，所以不能随便说，也不能说太多，否则做不到的几率增大，对组织非常不利。一旦失去信心，那再怎么说也没有人相信，由此而产生信心危机，想要挽回也很困难。

公正的意思，其实就是合理。我们不必在公平与否的问题上多争议，因为公正常常不一定公平，却是合理的不公平。领导面对的下属众多，而所拥有的资源相当有限，所能够提供的机会也不多，能够合理已经非常不容易，怎么能够公平呢？能够合理的不公平，才是真的。

然而，公正不公正，并不是领导自己说了大家就会相信。下属必须有公正的感觉，才能够充分体谅领导的立场。让大家觉得公正，一定要以实际行动来感应。所以，多做少说，或者做了以后再说，才是有效的途径。

把内部升迁和向外挖角合起来想，不分开来看，同样应该合理，大家才会产生公正的感觉。

人有情绪的起伏，需要及时的关怀来激励。下属的努力程度，与领导对其的关怀成正比。

领导时时自问："怎么才能打动下属的心？"便是有效的关怀导向。关怀的表现包括以下几方面：

第一，把下属当作人看待，不要把他看成机器或工具，当然也不是摇钱树。

第二，耐心倾听，让下属把意见说出来，然后挑有理的部分加以赞美。即使有批评或建议，也要夹在赞美的中间，让他乐于接受。

第三，不要总是把企业的规定放在嘴巴上，使下属觉得企业的规定比他还来得重要。领导把规定放在肚子里，当作思虑、判断的腹案。嘴巴上要尽量说情，让下属觉得很有人情味，才会愉快地自动讲理。关怀要及时，因为逾时就没有功效，而且要出乎真诚，否则便是虚伪，也不能收到预期的激励效果（如图8–4）。

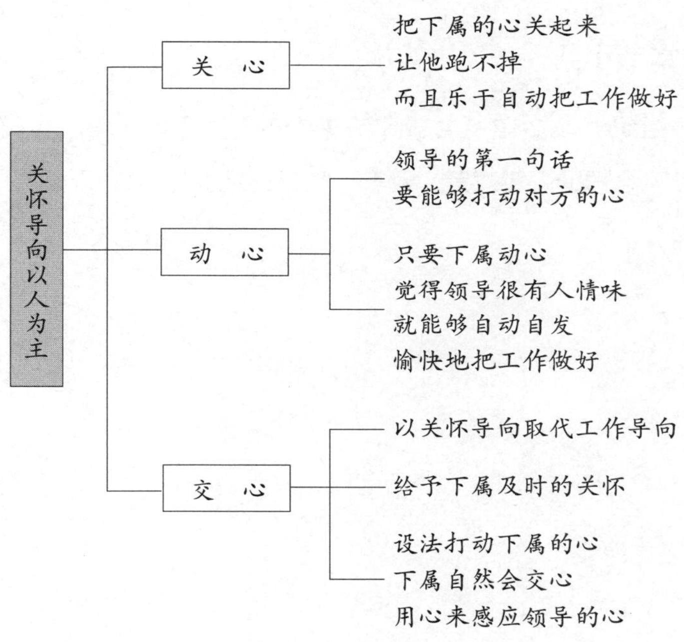

图8-4　打动人心的及时关怀

美国式管理，比较重视工作导向。他们把上班时间和下班以后分开来看，认为上班时间是企业的，只能谈工作，否则就是浪费公家的时间；下班以后属于自己的时间，那时候可以不谈公事，甚至于对工作加以拒绝。

我们则主张把上班与下班合起来想，上班时是人，下班时也是人。人需要别人的关怀，并不分上班或下班。采取关怀导向，应该是合乎人性的方式。

关怀导向的特性，是以人为主，把人当作人看。合理的表现，应该是“第一句话尽量少谈工作，多关心下属，以打动下属的心，使其觉得很有人情味”。关心，就是把下属的心关起来，让他跑不掉，并且很乐意主动把工作做好，还要及时给予领导应有的回报。

本节小结

组织不敢明言“全部内部升迁”，也不敢明言“全部向外挖角”，合理的人事政策，乃是“内部升迁优先，但不排除到外面去挖角”。

事前事后圆满的沟通

下属对工作或工作环境有所不满，或是对升迁调职不满意时，事前的沟通显得非常重要。依中国人的个性，事先沟通是尊重他的表现，含有希望他自动讲理的用意。最令人不满的，是事先丝毫没有信息，突然间发布命令，使人措手不及，没有时间找台阶下来，因而觉得很没有面子。于是恼羞成怒，采取非理性的情绪化反应。下属固然不应该，领导也难辞其咎。

事先沟通无效，或者事情闹成僵局，如果还有时间，就不要忙着决定，再进行沟通；若是时间急迫，可以先下决定，但事后仍旧要沟通，让他比较有面子，他才会逐渐平息下来。事先事后所花费的时间，看起来是一种浪费，实际上相当有助益，把它看成心理建设，便知道不可大意。任何事情，事先或事后的沟通，往往比较容易。等到事情发生再来沟通，恐怕已经太迟。

一般而言，事先和事后所用的沟通时间，要比正式沟通所用的时间多三倍，我们称为“三一三法则”（如图8-5）。

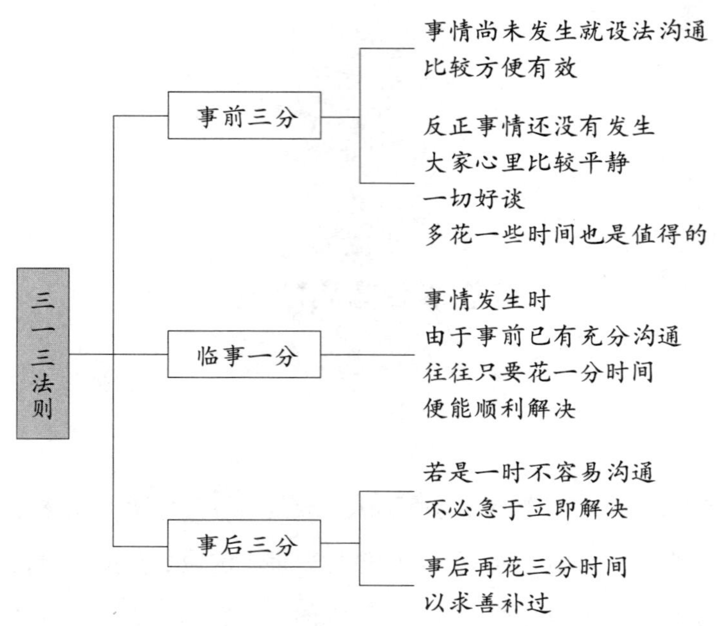

图8-5　重视事前事后的沟通

“三一三法则”是指事前花三分的时间来沟通，事情发生时，只需要一分的时间，便能够顺利解决。若是事先不沟通，等到事情来临，这才急着想要沟通，使人产生临渴掘井的感觉，当然很不容易沟通。

如果实在没有办法，非临时沟通不可，也只好硬着头皮，尽力而为。但是，不必抱持非解决不可的心情，以免弄巧成拙，把事情弄得更僵。这时候平静下来，等待事后再花三分的时间去沟通，效果可能更好。

防患于未然，或者事后用心补救，比临时抱佛脚要有效得多。不是不能抱，而是尽量不要抱，这才比较好。

任何人一旦在工作上自以为是老大，他就会真的老大到无法改善自己，亦即很难提升工作满足感。组织除了提供经过慎选的新资讯之外，可以创造一些具有挑战性的工作机会，鼓励同人接受更高的挑战，以增进其工作满足感。但是，仍然不可忽视适才适用的原则：量才而为，虽然说是挑战，也要承受得了才合适。

事实上，组织不可能经常创造具有挑战性的工作机会，而多数员工也不希望从工作中接受新的挑战，却希望稳定地从事熟悉的工作，然后再从工作以外追求自己的乐趣。此时组织必须以良好的声誉来提升员工的工作价值感，使大家认为自己的工作虽然简单，却为众多客户所信赖，因而觉得工作很有意义、很具价值。

依据成员的个性，提供不同的途径，才是各取所需的激励，使得不同个性的员工，获得不同的提升。一般而言，员工的工作满足感，由各人对工作的认定，也就是不同的价值观来决定。

有人认为，把手中的工作做好，便十分满足。不论大事小事，能够圆满达成任务，就相当有价值。

有人则认为，手中的工作已经很熟悉，做久了很感乏味，期待有新的工作，可以接受更多的挑战。

还有的人根本不把工作当作目标，却以领导的认可与否来换取自己的满足感。领导满意，自己就满足，否则便十分苦恼。

员工形形色色，各有不同的诉求。领导最好再观察一段时间，比较了解下属的心态之后，再进行个别辅导，一方面评估自己的观察是否正确；另一方面则相机劝导，使员工自动调整工作价值感，以求合理（如图8–6）。

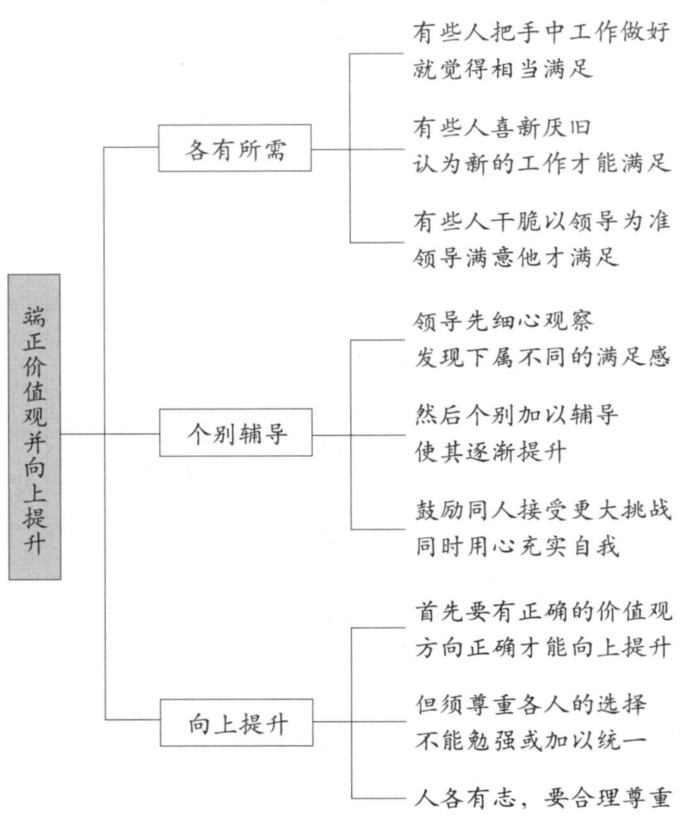

图8-6　提升满足感与价值感

本节小结

有些人喜欢挑战性的工作，有些人则相当不喜欢；有些人以负更大的责任为荣，有些人则非常不愿意。我们既然无法要求大家具有一致的看法，便应该依个别差异给予不同的激励。差异性的激励，如果是基于个别差异的实际需要，应该算是合理的不公平。不能说公平，却相当合理。

思考

1．你对激励的两大因素有何看法？

2．工作中，你能做到内部升迁与向外挖角两者兼顾吗？如果不能，原因何在？你又该如何处理？

3．你认为，应该怎样遵循“三一三法则”？

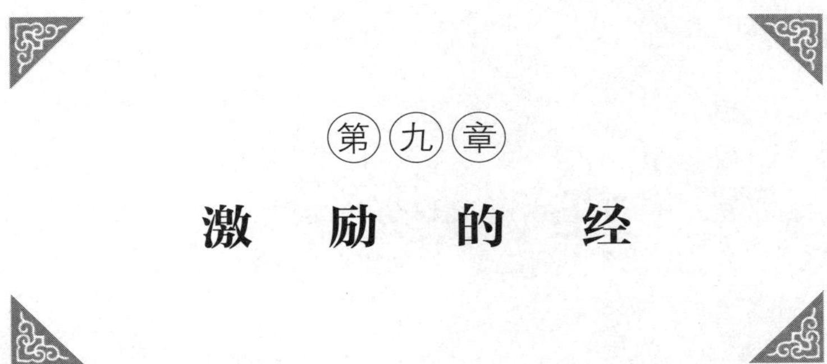

第九章

激　励　的　经

“经”是共识，叫作不易的原则；
“权”则是应变，称为权宜的措施。

中国人最善于“持经达权”，有原则地应变。
激励不可不变，不可乱变，要权不离经变得合理。

经是激励时不可不重视的基本原则：
不任意开创恶例，不趁机大张旗鼓或形成运动。

不让人觉得偷偷摸摸，也不可偏离团体的目标。
同时，不可以忽略有效的沟通，以增进激励效果。

这些都是最基本的经，
激励时必须好好秉持，坚守不移。

经，看不见，却必须坚持。
权，大家都看得见，应该特别小心。

不任意开例，不造成运动

激励的经，主要包括六方面，即不可任意树立先例、不可采取运动方式、不可趁机大张旗鼓、不可显得偷偷摸摸、不可偏离团体目标、不可忽略有效沟通。

激励固然不可墨守成规，却应该权宜应变，以求制宜。然而，激励最怕任意树立先例，所谓善门难开，恐怕以后大家跟进，招致无以为继，那就悔不当初了。开恶例和求新求变之间的差异，往往要隔一段时间才看得出来，所以，慎始才能善终，在这里再度获得证明。

领导为了表示自己有魄力，未经深思熟虑，就慨然应允。话说出口，又碍于情面，认为不便失信于人，因此明知有些不对，也将错就错，因而铸成更大的错误。

有魄力并非信口胡说。有魄力是指既然决定了就会坚持到底。所以，决定之前，必须慎思明辨，才不会弄得自己下不了台。领导喜欢任意开例，下属就会制造一些情况，让领导在不知不觉中落入圈套，在兴奋中满口答应，事后悔恨不已。所谓痛快，往往痛得更快，相信大家都有这种不愉快的经历，可惜很不容易避免。

任何人都不可以任意树立先例，这是培养制度化观念、确立守法精神的第一步。求新求变，应该遵守合法程序（如图9–1）。

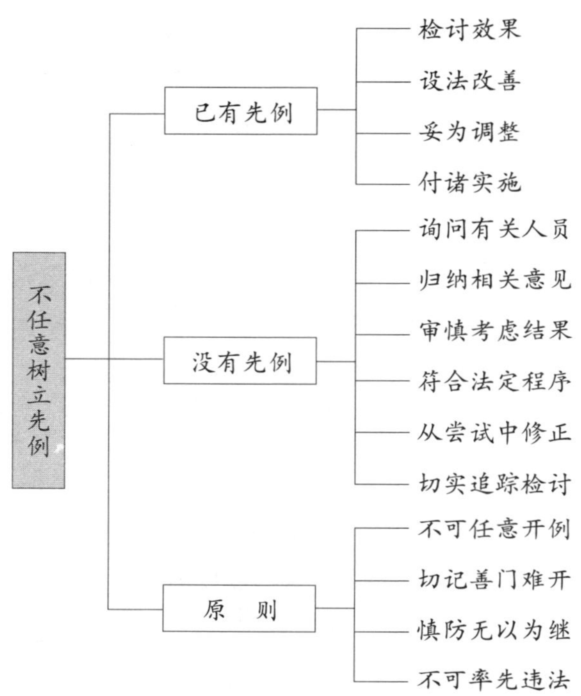

图9-1　不任意树立先例

要权宜应变，必须先充分了解现状。先要站在不变的立场，看看不变好不好？如果不变很好，那为什么要变？管理者为变而变，根本是不正常的心态。不变很好，应该维持原状，稍加调整，以求效果更好；不变不好，那就要加以改变。但是，改变的时候，不可以任意、随兴，以免一时大意，树立不良的先例，开了恶门，以后要关闭十分困难。程序合法，在法定的范围内权宜应变，才是合理的变动。激励的目的，在于求取和谐中的进步，因此不能够任意树立先例，以免破坏和谐的气氛。

许多人喜欢用运动的方式来激励。形成一阵风，吹过就算了，一番热闹光景，转瞬成空。不论什么礼貌运动、清洁运动、意见建议运动、品质改善运动等都是形式，而形式化的东西，对中国人来说，最没有效用。不幸的是，乐于此道的却大有人在，弄得大家敢怒而不敢言。

中国人注重实质，唯有在平常状态中去激励，使大家养成习惯，才能形成风气而保持下去。凡是运动，多半有人倡导。此人密切注意，大家不得不热烈响应；此人注意力转移，运动就将停息。运动不可能持久，屡试不爽。

运动的形成，不是自己要显示实力，有本领掀起一种运动，便是存心求速成，似乎一运动就有成果。这两种心理都不正常。更令人厌烦的，是少数人为了讨好领导，造成一种运动，大家不敢不跟着走，内心则十分反感。

依据“来得快，去得也快”的道理，所有的运动，几乎都不可能持久，活像一阵疾风似的转瞬不见踪影。

所有的运动，刚开始的时候，倡导者都想把它变成一种持久的习惯，可以说，不希望一阵风过去什么痕迹都没有。但是，实际上能够真正持久的少之又少。因为既然是一种运动，就不能以平常心来对待。不是掺杂利害关系，便是加入短期企盼。一下子掀起来，常常很快就衰落下去。甚至发现严重的后遗症，而扑灭得唯恐不够快，那就更为可悲、可叹了。

最好采取自然孕育的方式，顺其自然，逐渐形成一种风气，比较容易持久。再加以阶段性的调整，效果必然更好（如图9–2）。

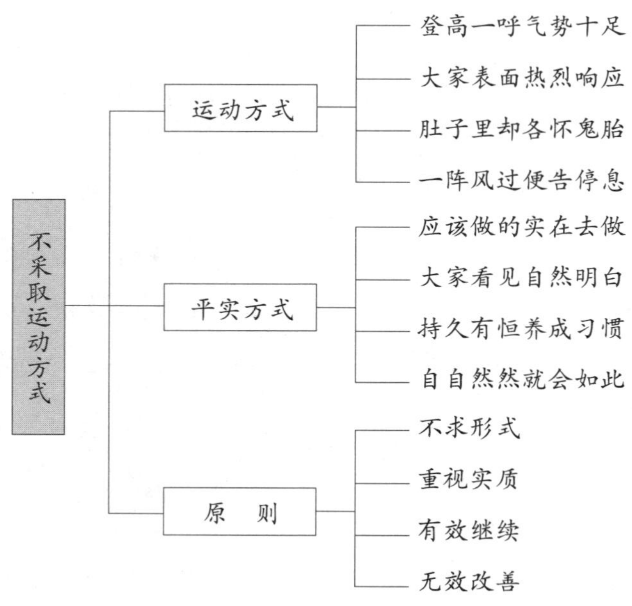

图9-2　不采取运动方式

本节小结

激励最怕任意树立先例，所谓善门难开，恐怕以后大家跟进，招致无以为继，那就悔不当初了。

许多人喜欢用运动的方式来激励。形成一阵风，吹过就算了，不能持久。最好采取自然孕育的方式，顺乎自然，逐渐形成一种风气，比较容易持久。

不大张旗鼓，不偷偷摸摸

好不容易拿出一些钱来激励，就要弄得热热闹闹，让大家全都知道，这种大张旗鼓的心理，常常造成激励的反效果。

被当作大张旗鼓的对象，自然有扮演猴子让人耍的感觉。看耍猴子的观众，有高兴凑热闹的，也有不高兴如此造作的。一部分人被激励了，另一部分人则适得其反。对整个组织而言，得失参半。

劳动节奖励优秀劳动者，等于在劳动节宣布除了这些优秀劳动者以外，其他人都不是优秀的劳动者。这边热热闹闹，外面的人并不加以理会。大张旗鼓如果不能引起大众的关心，效果相当有限；万一惹得大家厌烦，否定大张旗鼓的对象，认为是一种“激励秀”，那激励就更加无效了。

按理说，劳动节应该让所有劳动者都能够愉快地过节，不可以用“优秀劳动者”这一类莫名其妙的奖励，来造成少数人高兴而大多数人不愉快的不良气氛。就算真的要奖励，也应该举办优良老板的选拔，鼓励他们爱护劳动者、尊重劳动者，让那些没有受奖的老板，能够知所改善。同理，父亲节不适宜表扬模范父亲，弄得绝大多数的父亲十分没有面子，反而应该表扬孝顺的子女，促使其他为人子女者特别重视对父母的孝顺。

激励应该是一种行动，不适宜形成某种运动。因为运动固然可以掀起一阵热潮，风风光光，使大家都知道有这么一回事，但是热潮过后，便是日趋冷却，终至无人过问。这样的激励，充其量只能够激励掀起热潮的激励者，对被激励者而言，迟早变成一种负担，十分不妥（如图9–3）。

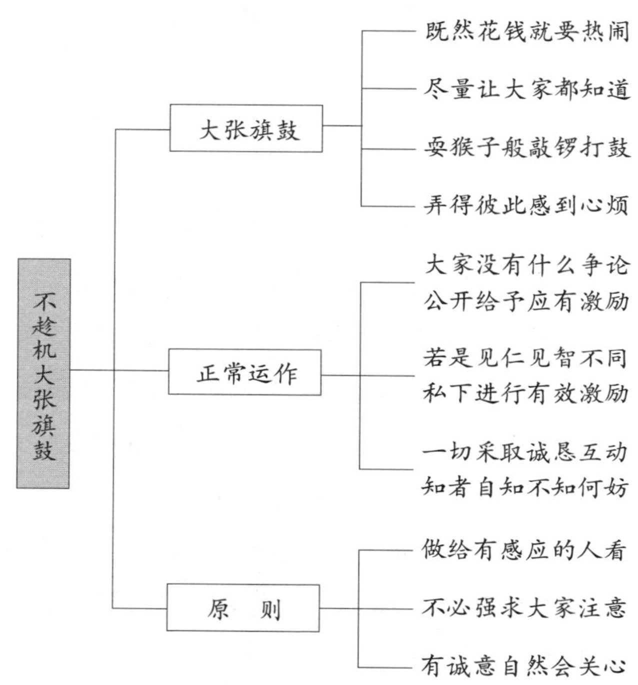

图9-3　不趁机大张旗鼓

激励固然不可大张旗鼓，惹得不相关的人反感；也不可以偷偷摸摸，让第三者觉得鬼鬼祟祟，怀疑是否有见不得人的勾当。

领导把下属请进去，关起门来密谈一个小时，对这位下属大加激励。门外的其他下属，看在眼里、纳闷在心里：有什么大不了的事，需要如此神秘？因而流言四起，有何好处？不是不可以密谈，而是必须详细评估所造成的反应。值得如此做的时候，才妥善为之。

许多人在一起，领导偏要用家乡话和某一位下属对谈；或者和某一位下属交头接耳，好像有天大的秘密似的。其他的人看他们如此偷偷摸摸，会不会产生反感？

不公开可以，守秘密也可以，就是不必偷偷摸摸，令人起疑。暗盘的激励，我们并不反对，但是神秘兮兮，只有反效果，不可不慎重避免（如图9-4）。

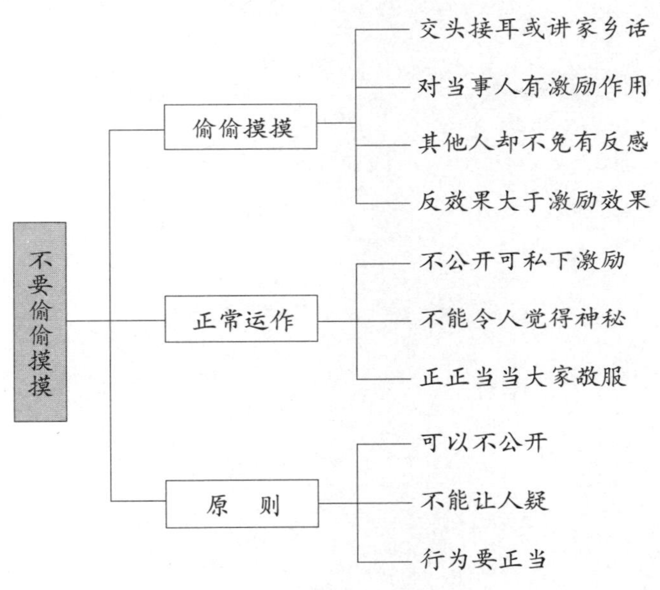

图9-4 不要偷偷摸摸

暗盘的意思，并不是让大家都不知道。因为看不见的刺激和反应，实际上很难收到激励的效果。暗盘的真正用意，是让大家都知道，只是基于尊重大家的心情，所以才不公开出来。公开和守密，不过是形式上有所差异，真正的激励功效，则不应该被减损。任何暗盘，总有公开的时候，若是大家都觉得相当合理，那就是有效的激励；如果大家知道以后，引起相当的不满，当然谈不上什么功效。所以，任何暗盘措施，都应该是评审公开之后的反应，作为选择或调整的准则。神秘兮兮，基本上已经违反暗盘的原则，徒然引起大家的猜疑，并不是良策。抱着暂时不公开的心情来从事暗盘的行为，才比较安全。

本节小结

激励固然不可大张旗鼓，惹得不相关的人反感；也不可以偷偷摸摸，让第三者觉得鬼鬼祟祟，怀疑是否有见不得人的勾当。

不偏离目标，不忽略沟通

凡是偏离目标的行为，不可给予激励，以免这种偏向力或离心力愈来愈大。领导激励下属，必须促使下属自我调适，把自己的心力朝向团

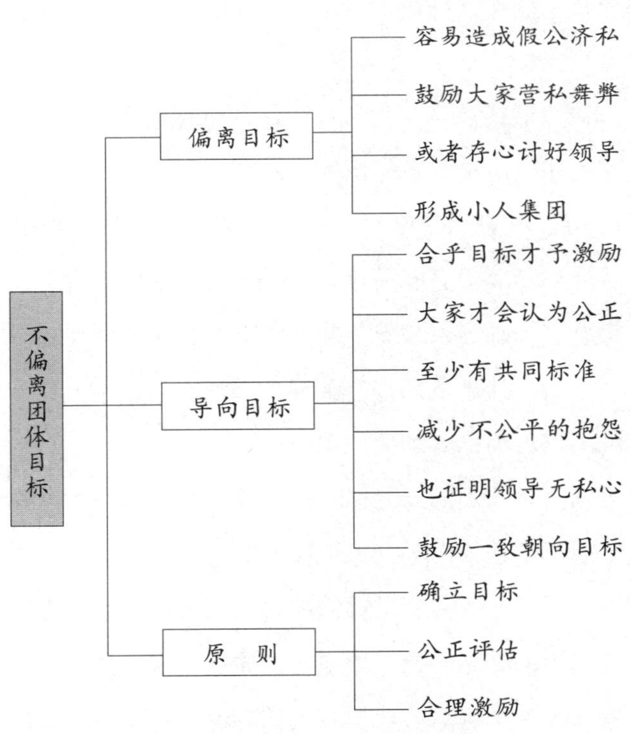

图9-5　不偏离团体目标

体目标，做好应做的工作。只热心为自己的目标而努力，置团体目标于不顾的行为，应该属于偏差行为，不值得鼓励（如上页图9–5）。

领导若是激励偏离目标的行为，大家就会认定领导喜欢为所欲为，因而用心揣摩领导的心意，全力讨好，以期获得若干好处。一旦形成风气，便会形成小人得意的局面，对整体目标的达成必定有伤害。

目标是激励的共同标准，这样才有公正可言。所有激励都不偏离目标，至少证明领导并无私心，不是由个人的喜爱而给予激励，而是站在组织的立场，尽量做到人尽其才。对偏离目标的行为，不但不应给予激励，反而应该促其改变，亦即努力导向团体目标，以期群策群力、志同道合。

通常个人目标和团体目标很难获得一致，而且个人目标经常被列为优先，甚至于危害团体目标也在所不惜。管理者在这一方面，特别需要以身作则。

第一，不可以假公济私、营私舞弊。以免吓跑守法、守分的下属，或者引起大家的仿效，更加败坏风气。

第二，不可以存心讨好领导，使领导得以为所欲为而偏离团体目标。刚开始领导对下属尚且有所顾虑，唯恐为下属所鄙视。因为下属的事事逢迎，可能变本加厉，毫无节制而走上营私舞弊的歧途。

领导引诱下属，或者下属迎合领导，都可能形成小人集团，从事偏离团体目标的不当行为，必须慎加避免。

激励必须通过适当沟通，才能互通心声，产生良好的感应。例如，企业有意奖赏甲，未征求甲的意见便决定送他一台笔记本电脑。不料一周前甲刚好买了一台电脑，虽然说好可以向指定厂商交换其他家电用品，但也会造成甲的许多不便。如果事先通过适当人员征询甲的看法，或许他正需要一个电动剃须刀，那么就顺着他的希望给予奖品，甲必然更加振奋。

沟通时，最好顾虑第三者的心情，不要无意触怒其他的人。例如，对乙表示太多关心，可能会引起丙、丁的不平。所以，个别或集体沟通，要仔细选定方式，并且考虑适当的中介人，以免节外生枝，引出一些不必要的后遗症，减低了激励的效果（如图9–6）。

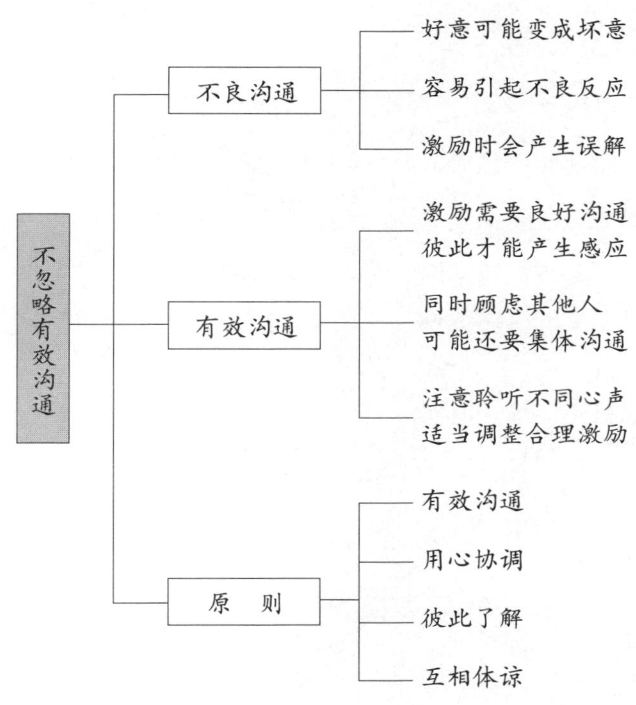

图9–6　不忽略有效沟通

每一个人，难免有其想要而不能要的东西，或者是想做而不敢做的事情，激励者如果抓住这个要点，设法满足这种需求，激励的效果必然十分宏大。譬如，前面所述的甲一直羡慕朋友使用电动剃须刀，心中一直盼望着自己也能够享用。但是他的妻子一再反对，认为一般的剃须刀比较安全而且携带轻便。甲不愿意为这种事情和妻子闹得不愉快，所以不方便购买。如今，企业送他一份奖品，居然是电动剃须刀，大家可以想象他有多么愉快，感动之余，必然更加卖力。因为妻子如果问起，为什么要买？他可以堂而皇之告诉妻子不是买的，是企业奖的，妻子一定哑口无言，而自己则可以名正言顺地使用，岂非人间一大乐事？可见，从关心出发，真正切合对方的需求，才能够增加激励的效果。

本节小结

团体目标的达成，乃是激励的主要目的，不可偏离。否则大家以为领导喜欢的便是对的，就会令小人得意而君子心灰意冷。

一切通过有效沟通，把原则变成共识，大家有默契，激励才会事半功倍。在多元社会，很难建立共识，所以，管理者在这方面更要多多费心。

思考

1．你认为，应该如何防止在激励时任意树立先例？又该如何防止将激励形成一种运动？

2．工作中，你常常是大张旗鼓地激励，还是偷偷摸摸地激励？

3．你认为怎样才能做到激励时不偏离团体目标、不忽略有效沟通？

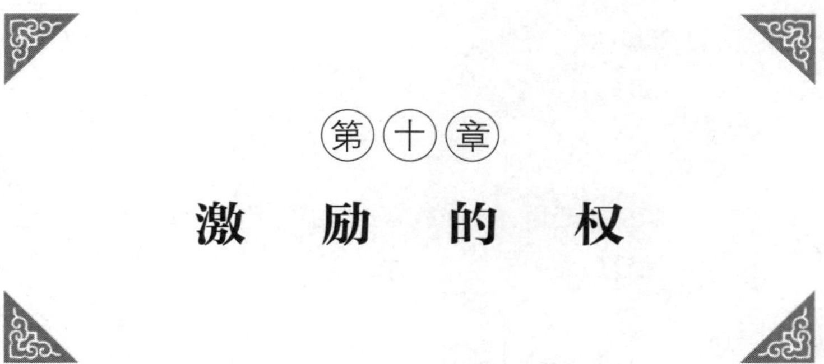

第十章 激励的权

权就是变通，叫作权宜措施。
激励的原则不变，方法却应该随机应变。

各人有不同的需要，各层级也有不同的需求，
时间变更、场合变动，就应该合理变通。

激励的反应，如果不如预期的好，
也应该适当调整，以求制宜。

情势比人强，情势改变，激励也要变，
一切因时、因地、因人，顺势应变以求有效。

激励的权，必须变化而且有持续，
变得有原则，大家才不会怀疑与憎怨。

但是持续中要有合理的变化，
才是真正的持经达权、随机应变。

依需要和层级而变

前面提过马斯洛的需求层次理论，假设人有五种不同层级的需求，依次为生理需求、安全需求、所属与相爱需求、尊重需求以及自我实现需求。当较低层级的需求获得相当满足后，次一层级的需求便会主宰这个人的行为。层层提升，表现不一样的需求（如图10–1）。

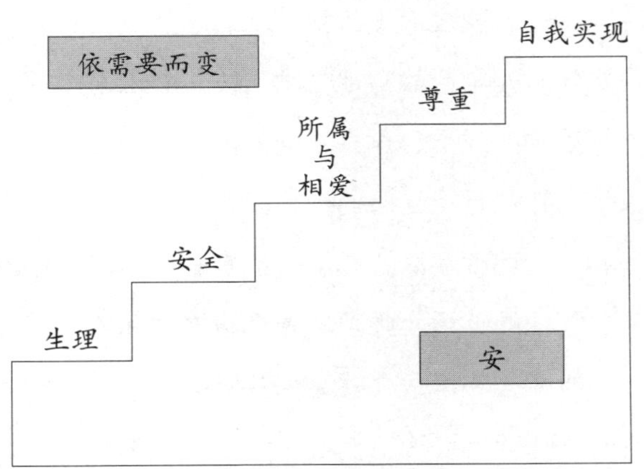

图10-1　依需要而变

这五个层级，事实上没有哪一种需求可能完全得到满足，但是相当程度的满足之后，满足这一种需求便不再具有激励作用。激励时必须了解被激励者的真实状况，才能够判断他有什么需求。如果有适当的中介人选，不妨通过中介与被激励者沟通，然后依据他的需求，给予合理的激励。不过，适当的中介人士经常不易寻觅，必须慎重选择，并且宁缺毋滥。若是找不到适当的人选，宁可自己去尝试，也不要假手他人。

激励为求因应不同的需要，可以采取自助餐式，让不同的被激励者选择各人的需要；而激励者也要了解不同的对象，施以不同的激励。

同样的激励，由于对象具有不一样的需要，可以给予不同的奖品。但是，事先的了解必须认真而确实，以免阴错阳差，反而引起被激励者相当的不满。

一般而言，不论哪一种需要，都在求得其安。所以，激励的功能与管理并无差异，不外乎求得安宁。

生理需求，其实是安宁的基础。生理能安，才能进一步求安全。有了相当的安全感之后，自然进一步要求所属与相爱。这样一层一层向上提升，表示物质优先，随之而来的精神激励才能产生效果。在物质需求尚未获得满足之前，完全依赖精神激励，往往效果不彰。

组织中不同阶层的成员，也有不同的需求。一般而言，高阶层比较希望大家尊重他，让他觉得自己的确很高明，所以有不同意见，最好不要当面顶撞他，否则他就会恼羞成怒。但是，也不能不告诉他，不然他也会怀疑有人要看他的笑话。必须单独委婉地规劝，使其认为自己在改变。高阶层自己改变，心里头会感谢那些促成如此的下属，若是觉得自己为下属所改变，那就会设法抓住机会，让下属难堪。说起来这也是下属自作自受，怪不得领导。

对于中阶层，组织需要告诉他目标，让其自己去找答案，把细节想出来，他才会舒畅。如果给他问题，同时或很快又给他答案，他就会失望，认为自己的能力受到低估。若是他想不出来，可以给他一些启示，还是要他觉得是自己找到答案的。

对于基层员工，要清楚告诉他应该怎么做，做到什么程度就会满意，最好有工作规范让他按照规定去完成。成果符合标准要表示赞许，使其更加努力。

基层人员长久保持这样的需求，大概不容易获得升迁。若是能够早日表现出中阶层人员的修养，通常升迁的机会比较大。中阶层领导，如果明白高阶层的需求，也可以反过来激励自己的上级，以获得更多的赏识。若是早日表现出高阶层的素养，晋升为高阶层的机会自然增大。如果中阶层始终需要上级告诉目标后才能够自己去寻思细节，似乎只能停留在原阶层而难有升迁的可能。

层级不同，要有不一样的表现。反过来说，率先改变自己，有时更容易改变自己的层级（如图10–2）。

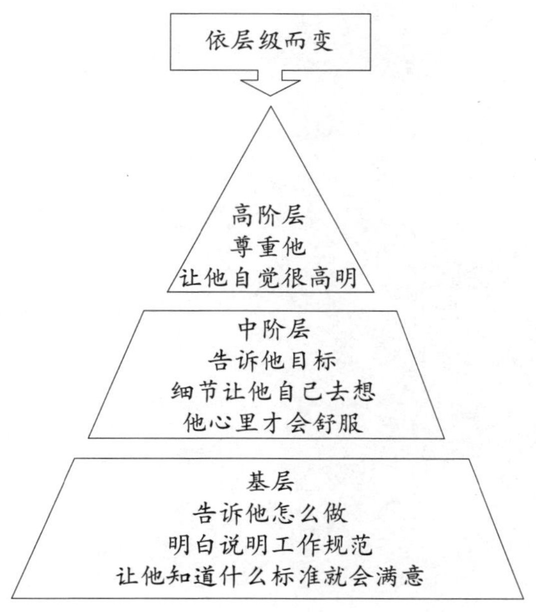

图10-2 依层级而变

本节小结

权变时要考虑需要和层级，务求合理而有效。需要不同、层级不同，激励的方式就不一样。层级愈高，愈重视精神需求；层级愈低，愈重视物质需求。

顺时间因场合而变

时间不同，激励的方式也有差异（如图10–3）。

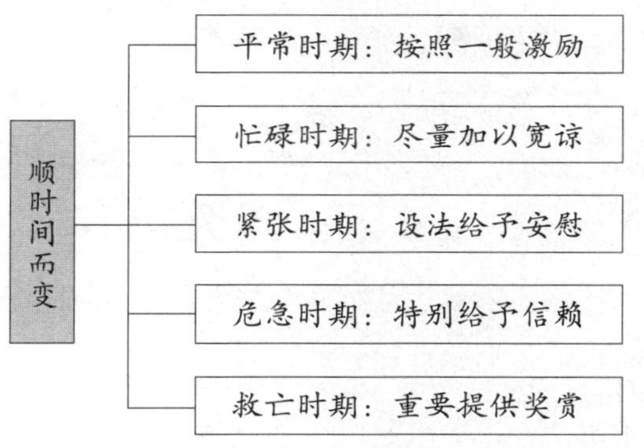

图10–3 顺时间而变

平常时期，管理者只需按照一般激励，不必采取非常手段。除非发现原来的方法已经日久无效，必须摆脱老一套做法，这才全面更张，采用新的方式，否则不可想到就变，形成特例。

忙碌时期，大家难免火气较旺，耐力较差，这时管理者要特别加以宽谅，不必计较细节，使大家得以忙而不烦。

紧张时期，情绪不安，领导经验较为老到，应该设法给予安慰，尽量纾解大家的情绪，千万不可火上添油，增加各人的紧张气氛。

危急时期，有时需要特别措施，应该赋予更大的信赖，使其放心去做，否则他心里害怕，势必下不了决心。

救亡时期，正是重赏之下必有勇夫的时刻，唯有重赏，员工才有拼死把企业救活过来的毅力，此时不可吝啬。

我们常说“随时”，意思是随着时间的变化做出合理的反应。如果翻译成英文，最好不要说成“any time”，应该是“the proper time”。合适的时间，采取合理的方式，才能够产生良好的反应。

管理者最起码先把平时与紧急区分开来，不可以样样紧急，弄得没有一样急得起来。当然，也不可能样样都要求未雨绸缪，做到完全没有紧急的情况。

平时再分为一般和忙碌，紧急再分成紧张、危急和救亡。这样一来大家心中有数，在什么样的时间状态下，应该做出什么样的表现。只要配合得宜，对彼此来说，都是有效的激励。时间状态有所改变，大家的心情和态度也就随着有所调整，这样才算是随时应变。

单独相处，比较不容易引起面子上的难堪，可以循循善诱。领导规劝下属，或者晓以利害，最好单独进行。有第三者在场的时候，必须多说好话，少说难听话，以免引起听者的反感。

对上级忠言劝谏，如果欣然接受，就下属而言，也是很大的激励。不过最好选择比较隐蔽的场合，不必让第三者看见。若是在不熟悉的生疏环境劝谏，更要留意隔墙有耳，以免流传出去，对自己造成十分不利的阻力。

公开场合应该互相尊重，大家都有面子，否则容易造成反激励。尤其应该重视职位、性别或关系亲疏，表现适当的态度。中国人特别讲求伦理，切忌没大没小，所以，合理的不公平才算适当。

熟悉的场合，要引导较为陌生的同人，使其觉得相当亲切。如果是私下的场合，例如同事的家，就应该主客分明。因为来者是客，不论其为上级或下属，都要给予合适的招呼。任何场合都可以配合被激励者身份实施激励。

公开说一套，私底下又是另外一套，这不算欺骗。我们最好明白：是非必须配合着时间和空间而变化。一般人常常撇开时间和空间，径行判断是非。其实这样做是不对的。因为时间和空间一改变，是非的判断标准就会跟着改变。管它有没有第三者在场，我就是实话实说，实际上已经对他人构成某种程度的伤害，至少是一种不尊敬的表现。听者觉得奇怪，那是听者自己的问题，我们不能够为了在第三者面前表示自己的真实无伪，以致忽略了当事人的存在，同样是只知有己不知有人的错误（如图10–4）。

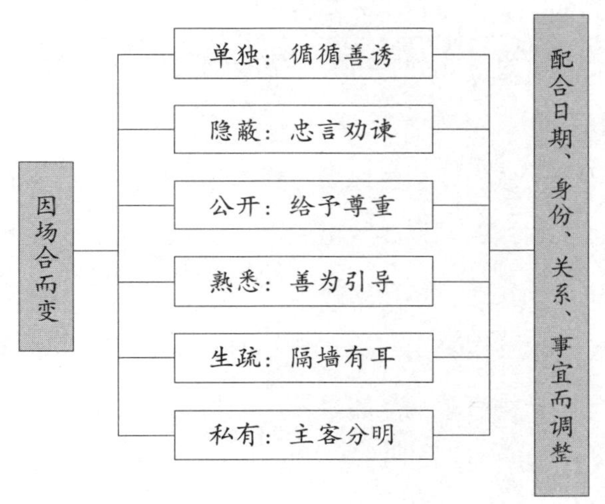

图10-4 因场合而变

本节小结

时间不同、场合不同，激励的方式也有差异。在合适的时间、适当的场合，采取合理的方式，才能够产生良好的反应。

看反应视情势而变

激励必有反应，良好与否乃是继续或调整的关键。

反应热烈的时候，要在不知不觉中把大家诱导到目标方向，使众人的力量得以汇集。过分热烈，有时还需要稍加冷却，维持合理的程度，勿把人力过度使用。

反应平平的时候，要检讨原因，找出症结所在，给予适当的调整。

反应冷淡的时候，同样要找出原因，然后对症下药，予以化解，务使激励所产生的反应符合预期的要求。

若是反应恶劣，要马上停止，千万不能一意孤行非坚持到底不可。通过适当人选，征询有关人员的意见，待其反对情绪稍微冷却，再做处置（如图10–5）。

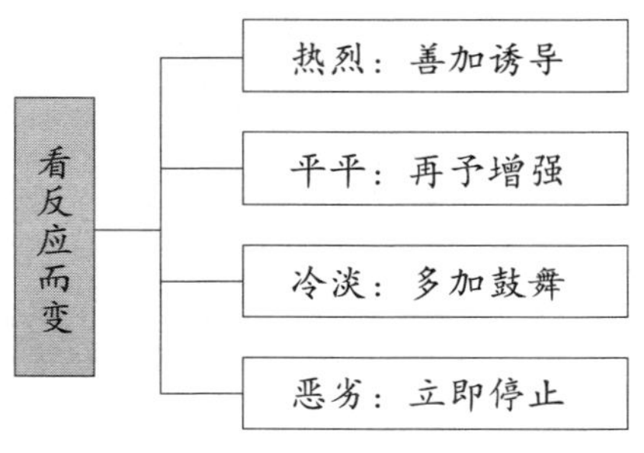

图10–5　看反应而变

人到底是为自己而活，还是为他人而活？其实用不着争论。我们既不可能完全为自己而活，也不能够完全为他人而活，必须兼顾并重，把自己与他人合在一起想，才能够在群体中成就自我。

激励者完全一意孤行，不理会被激励者的反应，这种“只顾自己喜欢，不管他人观感”的做法，显然是目中无人，心目中根本没有被激励者的存在，效果不可能良好，可以说只重视激励的形式却不注重效果。

反应良好时，归功于自己；反应不良时，怪罪于对方。这种态度，不可能带来改善，也于事无补。最好是依据被激励者的反应，累积相当经验之后，才能够快速有效地随着反应而变化，而且有把握变化得不离经叛道。

情势的优劣，也会影响激励的功效。

要激励居于劣势的同人，只要适度看得起他，表示好好工作便不会辜负他，甚至可以用先柔后刚的方式，让他觉得不要敬酒不吃吃罚酒，他也会提起精神，努力振作一番。

至于占有优势的同人，难免自视颇高，必须尽量采取低姿态，使他觉得备受礼遇，甚至还要给予一些额外的好处，他才会不好意思而尽心尽力。

无论优势劣势，适度表示看得起他，应该是十分有效的激励方式。

若是双方势均力敌，最好的办法是率先尊重他，让他戴上高帽子，他就会觉得自己好像真的高人一等，因而显现若干本领（如图10–6）。

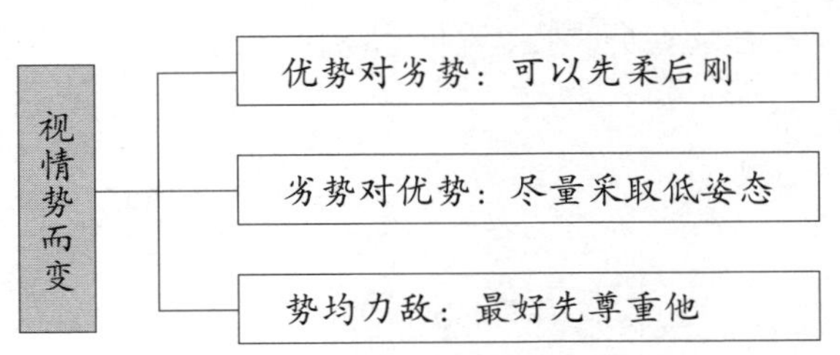

图10-6 视情势而变

面对群众，要特别注意“能发也要能收”，如果控制不住，最好不要过度激励，以免一发不可收拾，反而造成对己不利的情势，自焚于群众。

情势并非固定，反而经常在变化。中国人十分重视造势，便是希望在不知不觉中把原有的情势扭转过来。原本居于优势，能够保持而不动摇；本来居于劣势，最好找到有利的支撑点，把对方的气势破坏掉，使自己跃居优势；若是双方势均力敌，也应该忍耐，等待对方的弱点显现，再趁机造势，以求对自己有利。

有时候合理的推、拖、拉，可以达到扭转情势的目的。不应该为了害怕推、拖、拉，或者厌恶推、拖、拉而丧失改变情势的机动能力，反而受制于对方。一方面视情势而改变，一方面设法改变情势，才是善于运用情势的表现。主动造势，总比为不利的情势所困来得好。

本节小结

激励者完全一意孤行而不理会被激励者的反应，这种目中无人的做法，其激励的效果不可能良好，必须依据被激励者的反应来采取行动或做适当的调整。

情势的优劣会影响激励的功效，而情势又并非固定，经常在变化。所以，激励者要根据不同的情势，采取合理的措施，才能达到预期的效果。

思考

1．你对激励要依需要和层级而变有什么看法？

2．激励时，你是怎样顺时间因场合而变的？

3．为什么说激励要看反应视情势而变？

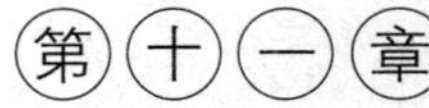

激励的艺术

激励可以公开进行，也可以暗中实施，
公私必须分明，最好不要假公济私。

有些人喜欢花公家的钱施个人的恩，
看起来很合算，其实祸患无穷，很快会有报应。

顺着员工的个性或者逆着员工的个性，都有激励的可能，
必须刚柔并济，有刚有柔，用得恰到好处。

应该动的用动态，应该静的依静态。
大小并重，有时小的比大的收效更精彩。

激励当然有制度，但是实施起来不可无弹性，
所以把它当作一种艺术，大家都高兴。

艺术其实就是圆通，绝对不圆滑。
万变不离其宗，才是尊重制度的表现。

明暗公私要分开

激励可公开进行或暗中交易，两者都以正当而合理为适宜。暗盘激励不失正当，才是正途。

凡是大家看法相当一致，不易引起众人反感的，可公开激励，目的在获得大家的良好反应，以扩大影响；若是见仁见智互异，而又非奖赏不可的，便暗中进行，以减少误解或不满。有些行为，如维护企业信誉而与外人打架，应该私下感谢，以防群起仿效。

普遍性的，可公开实施；特殊性的，除非众所公认，否则以暗盘为宜。牵涉个人荣誉的，私下激励；牵涉组织或团体荣誉的，公开表扬。有关苦劳的奖赏，大家差不多，公开；有关功劳的奖赏，彼此相差颇大，最好暗中给予，以维护较差者的面子，激励其下次努力赶上。公开等于撕破脸，用“无所谓”来因应，就失去激励作用。

最好的方式，当然是把公开与暗中合在一起想。不坚持一定要公开，或者务必要暗地里进行，却能够依照所要激励的性质，做出合理的抉择。

说起来十分简单，好像只有一句话：应该公开的，最好公开；应该暗中进行的，最好不公开。真正做起来，拿捏的功夫十分不容易。必须用心体会，才能得心应手，调整得恰到好处。凡事大多兼具普遍性与特殊性，只是程度上有所差异而已。明中有暗，而暗中也有明的部分，分开来表现的时候，须注意明到什么地步，而又暗到什么程度。在明与暗之中，存在着许多不同的表现方式，若能将心比心，对激励效果必然有所提升（如图11-1）。

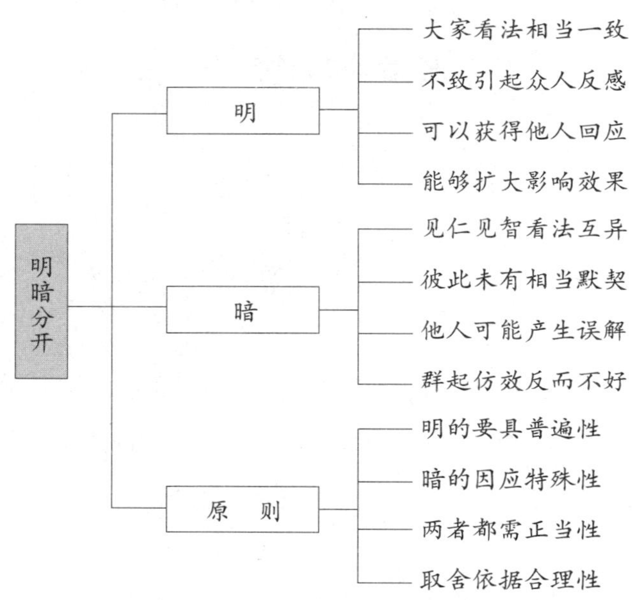

图11-1　明暗要分开

花公家的金钱做私己的人情，这是一种明得暗失的算盘。受惠的人，一方面感受激励，一方面有样学样，公私不分明；其他的人，看在眼里却怨在心里，既然是公家的钱，为何不索性多花一些，连我也照顾在内？

激励者存心接受回馈，当然施恩望报。这种私相授受的激励，不可能真诚持久。必须心中没有施恩的念头，更不希望个人获得任何报答，才有实效。既然如此，就用不着假公济私以致公私混乱，甚至以私害公。

私人的事宜应该明说，花自己的钱也要表明。不必垫私钱办公事，否则也是公私不分。私人恩怨不能公报，私人请托不能利用职权，更不可以存心勾结以图谋私利，因为公私不分的激励，到头来必然公私两蒙其害。

私人的事情，可以恩怨分明；公家的事务，则不应该如此。因为公家事务和私人恩怨，根本不应该混为一谈。有恩必报，用在私人事务上，表示受到恩惠知道图报，是一种良好的行为；若是用公家的事来报答私人的恩惠，那就是公私不分，方向有偏差，不值得鼓励。

公家的事务，必须秉公处理；私人事情，当然也可以委托同事协助办理。不过最好明白表示，与职务、职权完全没有关联。对方能办，还要心里愿意才行；若是不能办，或者不愿意办，千万不能勉强。不私下勾结，私事不能害及公益，也不假公济私，这样的私人事务相托，用得合理，也是一种相当有效的激励（如图11–2）。

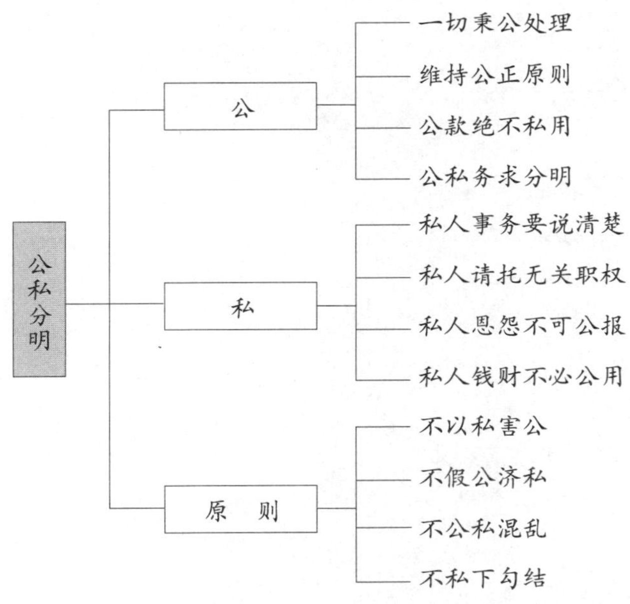

图11-2 公私要分明

本节小结

激励的艺术，其实就是分寸的拿捏。过与不及，都不是有效的激励。有些事情不公开比公开更能发挥激励的功效，善用正当的暗盘交易，可以增强激励的效果。

公私分明是激励为公的基础。既不能假公济私，也不能以私害公，导致公私混乱，以致影响激励的效果。

顺逆刚柔要合适

请将不如激将，有时逆的激励效果更为宏大。不过完全逆取，也不见得有效。顺逆之间，必须要小心衡量，有顺有逆，能顺也能逆，合理就好。

有些人顺着请他帮忙，他会推三阻四，勉强答应，也似有天大人情。最好用反激的方法，故意把问题说得十分困难，暗示非他的能力不能胜任，激他毅然自告奋勇。

有些人老于世故，便要顺着激励。先说明他的长处，以引起知遇之感，再表示借重他的才华，请他不必顾虑太多，他就会朝气蓬勃，鼎力相助。

关系很重要，交情不够不宜随便逆取。够交情，好像顺逆都能奏效。不过看场合、看情况，配合着考虑，该顺即顺，应逆即逆，求其效果最佳，而且后遗症最小。以自己的优势来攻破对方的弱点，则顺逆皆有所宜。

顺有顺的好处，逆也有逆的必要。我们最好把顺与逆合起来看，不要只顺不逆，或者只逆不顺。因为如果一切都顺，遇着应该逆的时候，就会顺不得而行不通。若是一定要逆，则应该顺的时候，也将遭遇很大的阻碍。

凡事先站在不顺也不逆的立场，依照当事人的个性，审视当时的情况，衡量场合，考虑关系，然后当顺即顺，当逆即逆。看起来，好像摇摆不定，没有一定的主见；实际上，本来就应该如此，要随机应变以求合理。

顺的时候可以逆转过来，逆的时候也可以止逆为顺。这种随时调整的本事，只要不是为了投机取巧，而是基于随机应变，便是合理的行为。至于动机为何？大概只有自己心知肚明，别人的猜测，并不需要太在意（如图11–3）。

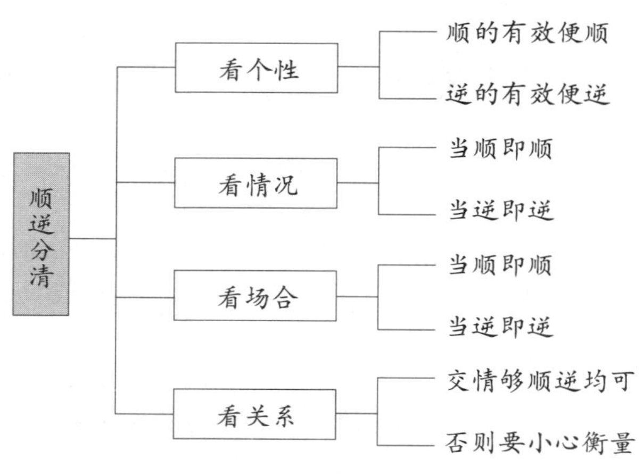

图11-3　顺逆要分清

用刚硬的方式来激励，多半建立在利害的基础上面；以柔软的方式来激励，则偏重于情谊。拿情谊做出发点来实施激励，效果较佳。所谓柔能克刚，正是此理。高压式的方式，难免产生硬碰硬的风险性，也会有短暂的、表面的效果，可能带来严重的后遗症，必须慎始，才能预防。

柔不表示胆怯怕事，也不是推、拖、拉敷衍了事。柔是用真诚的爱心来感应，使对方从心中发出一股强烈的意愿，自己奋发有为。

刚是一种果敢的作为，具有短时间的爆发力，当用非常的手段，比较有利。刚硬之后，如果再以柔软来安抚，更能得人心。不可存心杀一儆百，因为人心惶恐，并没有好处。应当处罚到什么程度，若是难以判断，最好从轻；应当赏到什么程度，假若难以判断，最好从优。若非证据确凿，宁可从轻发落，不宜轻率冤枉。刚柔并济，所重不在惩罚，而在教化。

非不得已的时候，当然也可以用刚。不过事先应该发出警戒，使大家心理上具有充分的准备。能够及时避免的，自然不致受到影响。若是存心挑战，自己也心中有数，不致怨天尤人。万不得已用刚，还要尽量以柔来善后，使大家明白并不是存心如此，更容易获得谅解。

先柔后刚，刚后用柔，表示柔的功能确实比刚可靠而有效，柔性激励比刚性高压更合乎心性需求。可惜很多人认为自己性格如此，不容易改变，因而偏向于刚性措施。其实，只要观念改变，很容易改变自己的态度和行为。不妨用实际行动来印证以柔克刚，使自己更为轻松愉快，也更受到大家的欢迎（如图11-4）。

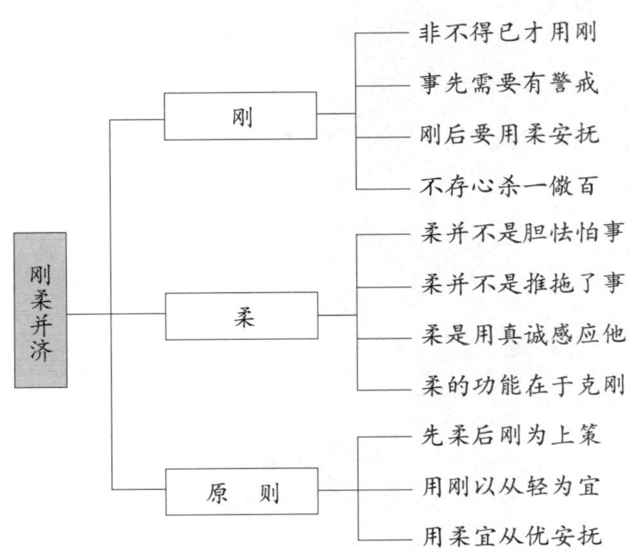

图11-4　刚柔要并济

本节小结

顺逆分清，是适应个性的表现。凡事先站在不顺也不逆的立场，依照当事人的个性，审视当时的情况，衡量场合，考虑关系，然后当顺即顺，当逆即逆。

刚柔并济，是情谊与利害的调适。用刚硬的方式来激励，多半建立在利害的基础上面；以柔软的方式来激励，则偏重于情谊。先柔后刚，刚后用柔，因为柔性激励比刚性高压更合乎心性需求。

动静大小要并用

动静不是两种相反的状态，而是彼此互相过渡的，动中含有静态，静中也有动态。活动过程多半比较引人注意，而活动前后的企划、准备及沟通、协调，则容易被忽略。激励者不可由于自己看得见的动态便加以重视，却对自己看不见的静态予以轻忽，以免厚此薄彼，招致不满。把看得见的部分与看不见的部分合起来看，才能够动静兼顾并重，不至有所偏忽（如图11–5）。

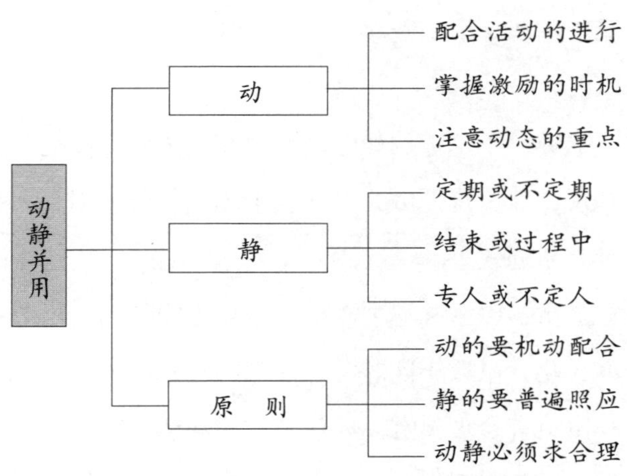

图11-5　动静要并用

对于动态的激励，必须掌握时机、把握重点，以配合活动的进行；静态的激励，可以定期或不定期在结束或过程中，指定专人或由某些人交互实施。无论动态、静态，都要给予合理的激励，使大家明白动态、静态各有其贡献，并无轻重之分，因而分别努力，共同朝向目标。

动态应注意机动配合，静态要普遍照应；前者重在时机，后者重在人员。动静都要掌握人心，所以力求合理。

任何活动，事实上都有动的一面，也有静的一面。我们往往看到动的一面，却很容易忽视静的一面。于是，从事动的行动，由于受奖的几率较高，大多热心鼓舞，兴致甚高；而从事静的支援，由于受到忽视而不甚热心，以致影响活动的效果。为了防止这种可能产生的缺陷，激励者必须动静兼顾并重，以免静态的工作，妨害了动态的活动。这种原则，最好事先声明，并且在行动上有具体的印证，使大家一开始就同心协力而不分彼此。否则等到活动进行到一半，甚至于快要结束时，才发现有些不对而紧急声明，恐怕已经实质上影响到活动的成果而难以挽回了。

中国人见面，最喜欢分大小。罚遇亲贵，很容易造成枉法；赏遇微贱，也常常流于刻薄。大小兼顾，才能够赏罚平衡，做到赏当其功、罚当其罪的地步。

罚要向上追究，不论地位如何高贵，有过失就不能掩饰或开脱；赏应普遍推及基层，地位再低微，有功就不能忽视或遗漏。大小并重，赏罚明快，才具有激励效果。

大功劳要隆重，以示礼遇；小功劳也要重视，因为轻忽小功，大家就会希望夺取大功，以致小问题乏人注意，势必酿成大祸害。大事应予特别奖励；小事也宜合理奖赏。职位高的，固然要礼待他；职位低的，更不宜轻视他，以免引起反感。一大堆人受奖，要大场面，大家一起接受激励；少数人或单独一人受奖，不妨视实际情况，或公开或个别给予激励（如图11–6）。

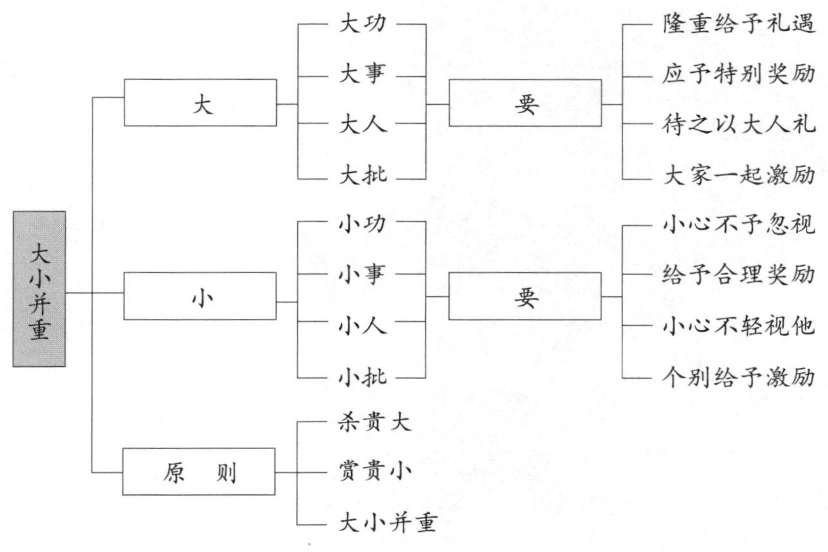

图11-6　大小要并重

打老虎或是打苍蝇，一直是大家十分关心的事情。老板的亲信受到什么样的赏罚，也是公正与否的指标。

同样犯错，职位较高的，应该受到比较重的惩罚；职位较低的，所受的惩罚应该较轻。否则，打苍蝇而不敢打老虎，大家何以心服？同样有功，职位低的优先奖赏。当然，有轻有重，并不表示只偏于一方，却应该大小兼顾并重，不过是程度有轻有重而已。

重视大功劳，大家才会竭尽全力；重视小功劳，大家才不会对小问题掉以轻心。初犯不罚，大家才敢多做、多尝试。很多人立功，最好大家都有奖；一群人共犯，同样要一起受罚。无论大小，都应该重视，但是有大有小，必须不一样奖惩，才算合宜。

本节小结

动静并用，是全面的掌握。动态应注意机动配合，静态要普遍照应。前者重在时机，后者重在人员。动静都要掌握人心，所以力求合理。

大小并重，是赏罚有效的保证。无论大小，都应该重视，但是有大有小，必须不一样奖惩，才算合宜。

思考

1．在工作中进行激励时，你能做到明暗分开、公私分明吗？

2．你是如何拿捏顺逆与刚柔的分寸的？

3．对于动静并用、大小并重你是怎样看的？

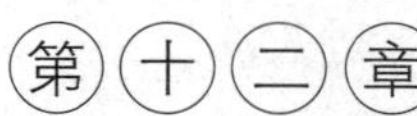

被激励者的修养

自作自受，是人人必须承受的经，
对自己的所作所为，负起完全的责任。

懂得感谢的人，更加有福气，
因为心存感谢，可以减少埋怨和气愤。

与人分享，大家才能产生荣辱与共的感觉，
对于以后的互助和支持，有兴趣也有信心。

不要盲目求公平，以免大家都苦恼。
合理的不公平，公正就好，不一定要公平。

求人不如求己，自己激励当然最可靠，
随时随地不放弃自己，给自己一些掌声。

总归一句话，感谢之心最可贵，
谢天、谢地、谢上、谢下，大家都愉快。

明白自作自受的道理

人的一生，表面上看起来都有其定数，好像一切都是天注定，自由意志的力量，微乎其微。

其实，人之所以异于其他的动物，有资格称为万物之灵，就在于人类具有其他动物所缺乏的自由意志。

人一生下来，就有命。这个命来自于天，所以被称为天命。老天爷对人所下的命令，人如果完全服从，那就是放弃自己的自由意志，一切听天由命，当然丝毫没有变更的余地。因而觉得天定胜人，任由天命摆布，当然是不争的事实。一切天注定，半点不由人，对这些完全服从天命的人来说，可以说百分之百的正确。

但是，天下事没有不能商量的，没有不能变通的。老天爷对人类特别器重，让人类拥有高度的自由意志，可以自主地与天商量，改变自己的天命。

生涯规划，说起来就是改命学，想办法改变自己的既定命运。天命由天定，自己要不要改变，则由自己来决定。决定不改变，成为十足的宿命论者；决定要改变，也就成为自主性高的创造论者。两者皆可行，而决定权在自己，所以自作自受是不必怀疑的真理。

自己要依赖他人的激励，等于心甘情愿地接受他人的摆布；自己可以激励自己，拥有最大的自由和自主。两者都有相当的道理，也都可以由自己来决定。

自己决定所导致的结果，当然要由自己承受。激励者与被激励者最好明白自作自受的道理，以承受所有结果的心情，来考虑自己的作为，可能会更为谨慎，采取更加合理有效的动作（如图12-1）。

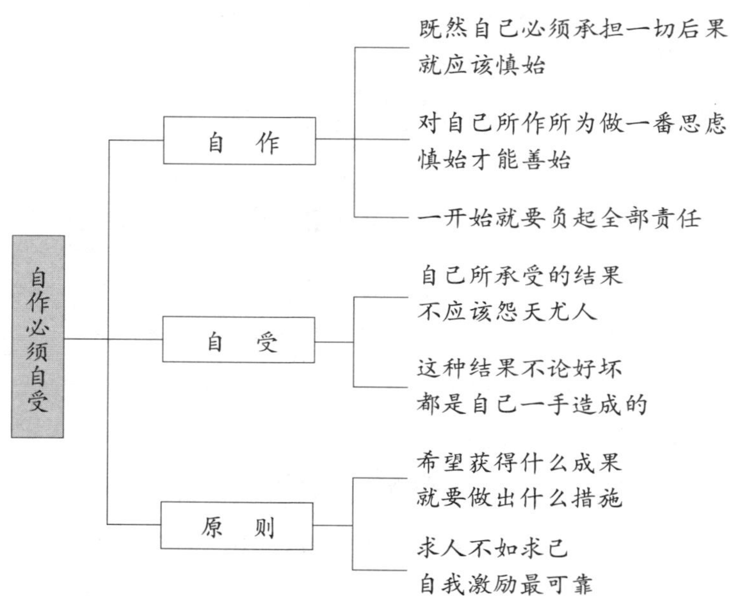

图12-1　明白自作自受的道理

印度杰波普大学教授奥修（Osho 1931—1990）认为，人应该快乐而不满足（happy and discontent)，对于任何激励，我们都要以快乐的心情来接受，而不是耿耿于怀，认为自己十分委屈，并未获得公平的奖赏。

当我们把激励与没有激励合起来想的时候，原本就应该受到激励很快乐，没有受到激励也很快乐才对。为什么接受激励时，一定要和自己过不去？用不满足来影响自己的情绪呢？不如把满足与不满足也合在一起想，不就觉得相当快乐了吗？可见，只要心存感谢，所有不愉快的感觉自然烟消云散，再小的激励也会带来快乐。

把大与小合起来想，激励就激励，哪里有什么大小的分别？就算有，也不过是些微的差距，不值得计较。只要心存感谢，自然没有什么大小的区分；只要不计较，自然十分快乐。公平不公平，原本只是一种感觉。认为这样才公平，就觉得很公平；认为这样不公平，也就觉得很不公平。不如把公平与不公平合在一起想，没有什么公平不公平的感觉，也就不会心生不平而有所怨责。

能不能心存感谢，当然由自己决定。大概明白自作自受的道理，比较能够自主地心存感谢。因为怨天尤人所衍生的结果，终将由自己承担，又何苦加害自己？

心存感谢是自作，心情愉快是自受。想通这一点，自然不愿意和自己过不去，更加容易心存感谢。接受激励时不要怀疑对方的动机，不必计较公平与否，不应该有大小的区分，对自己来说，实在是最愉快的反应（如图12–2）。

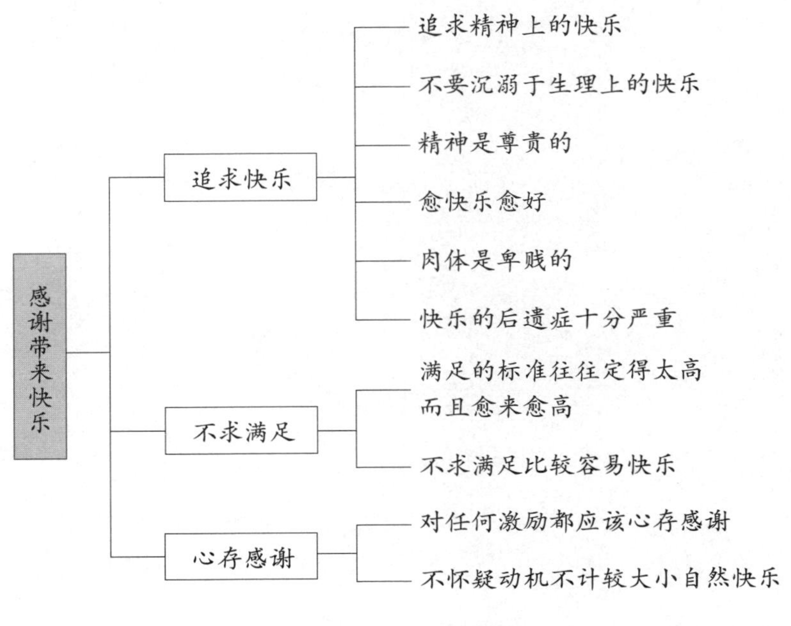

图12-2　心存感谢

本节小结

有一条永恒不变的法则，叫作自作自受。从现在开始，养成慎始的习惯，并且不断提醒自己：必须承受自己所作所为的一切后果，负起完全的责任。从此不推诿、不抱怨，培养感谢的心情。

做到合理不公平就好

独乐乐不如众乐乐，自己快乐而旁边的人并不快乐，终久也会影响自己，弄得自己也不快乐。

我们最好明白：独立完成一件事情几乎是不可能的，多多少少都获得别人的支持和协助。所以，有关的人员分享，才合乎有苦同担、有福同享的道理。精神上的激励往往比较容易分享，好话多传几遍，大家都听得到，并不需要增加成本，或者自己掏腰包、赔钱。但是物质上的激励，常常造成独吞的恶果：自己享受还嫌不够，哪里有多余的可以与人分享?

偏偏其他的人看法并不一样。大家认为精神上的激励，分享与否并不重要，反正是无形的，分与不分没有什么差别；物质上的激励，有形可分，当然要拿出来分享，没有理由独吞，否则就等于看不起大家。

分享，可以激励其他同人；独吞，后果相当可怕，很可能愈来愈孤立无援。不论对精神或物质，最好都能够抱着分享的心情，一方面感谢以往的支持，一方面增强以后的援助力量。有福能够同享的人，才找得到有苦同担的同道人。否则，大家心中有数，再也不热心支持，等于断绝自己的前程，对自己造成很大的不利。

施比受更有福，在这里获得有力的佐证。把所得的激励再度施放出去，大家俱皆欢喜，对以后的同心协力有很大的助益。把自己当作桥梁，一端进来，另一端出去，沟通双方，使激励的效果更为显著。只进不出，等于通路阻塞，激励的效能，愈来愈减少（如图12–3）。

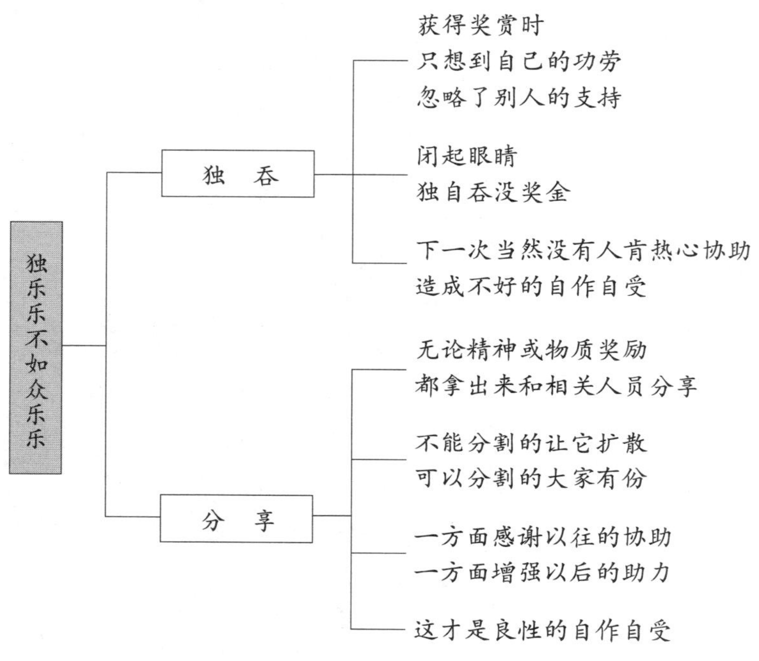

图12–3　独乐乐不如众乐乐

我们三番两次说明合理不公平的必要性和重要性，主要是因为现代人受到公平的影响，对公平的追求十分殷切，反而很不容易体认合理不公平的真义与价值。

盲目追求公平，结果只能够获得表面的、形式的、虚假的公平。换句话说，不过是一种齐头式的假平等。

公平好不好？根本用不着怀疑，当然好。但事实上做不到，因为我们所能动用的资源相当有限，我们所能掌握的机会也十分有限。如果资源充足、机会无限，人人可以如愿以偿，当然可以公平；若是资源、机会都相当有限，那就很难求其公平。

再深一层看，即使资源、机会充裕，人人有赏，也不算公平。这种吃大锅饭的情况，并不是利于管理合乎人性的方式。我们所乐于看到的公平，应该是立足点平等、机会平等所产生的合理公平。这种合理公平，表面上看起来显然不公平所以称为合理不公平，比较不会引起大家的反感。长期以来，我们都把这种看起来并不公平的实质公平称为公平，常常引起诸多怀疑。这很好笑，明明不公平，为什么要大家承认公平呢？现在我们摆明地说它是合理的不公平，大家反而比较能够接受，认为这样已经很不容易了，可以算是勉强的公平。

阴阳文化，说公平大家便想起不公平，说不公平大家反而容易产生公平的感觉。领导自己说公平，下属硬是认为不公平；领导如果谦虚一点儿，说自己只能公正而很难公平，下属反而更能体谅领导的立场，更能愉快地接受这种看起来不公平而实质公平的合理不公平（如图12–4）。

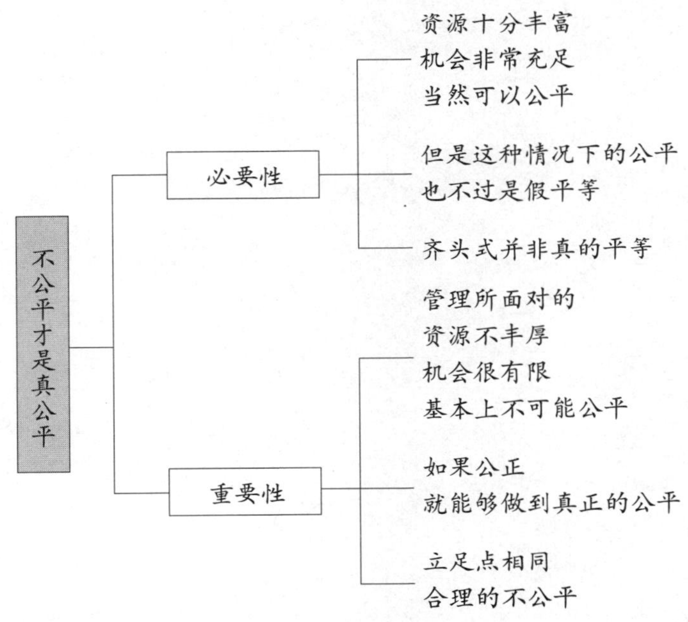

图12-4 合理不公平

本节小结

公平好不好？当然好。但事实上做不到，因为我们所能动用的资源和我们所能掌握的机会都十分有限。而我们所乐于看到的公平，应该是立足点平等、机会平等所产生的合理公平。这种合理公平，表面上看起来显然不公平所以被称为合理不公平，这样才比较不会引起大家的反感。

最好存有感谢的心情

求人不如求己，这是大家十分明白的道理。可惜从小在父母亲人的呵护中长大，养成依赖他人的习惯，往往有意无意，期待他人的支持更胜于自己的努力。

我们固然不忽视自己的努力，却常常寄望于他人的提携。其实，这两者并无矛盾冲突，而且不致互相抵触。因为他人的提携，基本上取决于自己是否充分努力。自己努力的人，比较容易获得他人的提携；自己不努力，就算获得提携，也不过一时侥幸，终久要被摔回原地。自己努力，再加上他人的提携，简直有如神助。

激励不一定要来自他人，自我激励掌控在自己的手中，岂非更为方便？把自主权放弃掉，等于自愿接受他人的主宰，不但有损尊严，而且对自己十分不利。

时常提醒自己，生而为人，最可贵的地方便是拥有高度自由意志，能够自主，成为自己的主人。

常常给自己一些掌声、一些激励，实在是一件很容易完成的事情。但是，一般人不是忘掉了，便是自己和自己过不去，硬是转移目标，期盼别人的掌声、他人的激励。结果呢？由于大家往往只顾自己而忽视他人，以致吝于鼓掌，舍不得或不重视给人激励，产生空有期待却没有获得，或者有所获得却出现重大落差的失望，造成严重的挫折感，当然伤害了自己。

人必须坚定自信，只要抱持谦虚的态度，就不致狂妄自大。不自大的自信，才是充满信心的表现。人不应该和别人比，只适宜和自己比。有些微进步，只要保持下去，日有寸进，即使他人不觉得怎么样，也值得激励（如图12–5）。

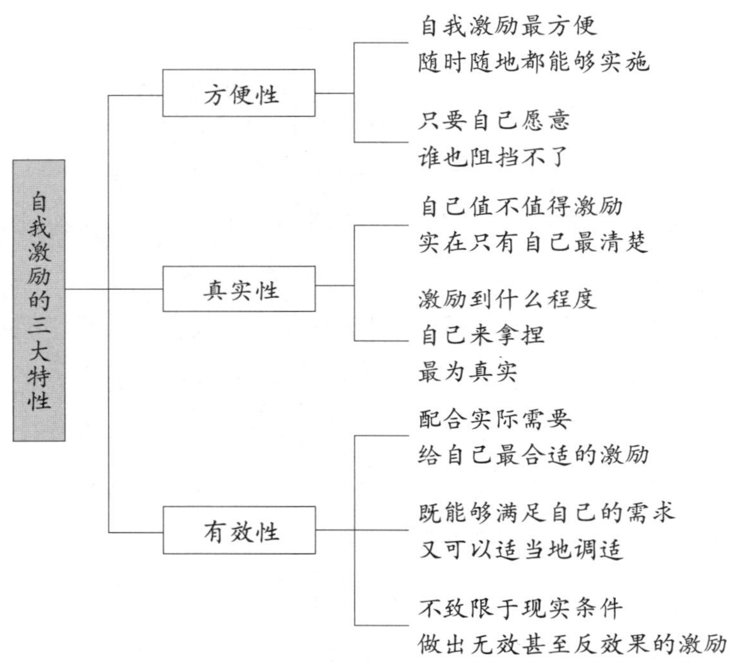

图12-5　自我激励的三大特性

激励是否得宜？能否获得成效？固然有很多影响因素，但是主要的因素，在于受激励者有否感谢的心情。心存感谢，很容易获得满足；无论什么样的激励，总觉得不如自己的期望，甚至有很大的落差，在这种心态下，激励要想得到预期的效果，实在十分困难。

感谢的心情，要靠自己培养。最好每天早晨起床，先不忙于想别的，在做任何事情之前，首先要谢天谢地。谢什么？感谢上天的恩典，又给自己崭新的一天。昨天晚上居然没有死掉，难道不值得感谢？事实上，这样一来，心情的喜悦、情绪的愉快，都随之产生。一日之计在于晨，必须具有这种欢愉的心情，才能够有良好的开始（如图12–6）。

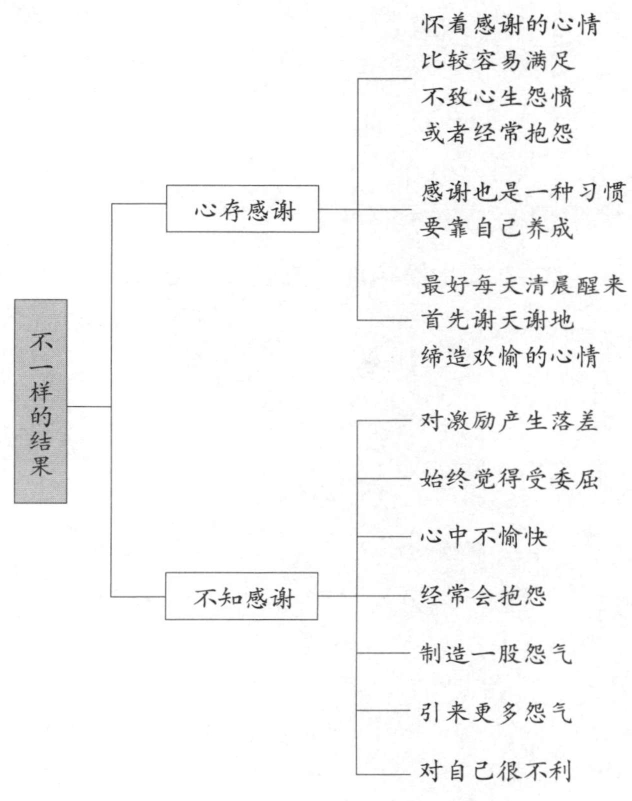

图12-6　最好心存感谢

既然抱怨无济于事，不能够解决任何问题，不如心存感谢，凡事往好处想，自己愉快些，别人也会以同样的心情来待自己，符合助人助己的原则，对大家都有好处。停止抱怨，不致产生怨气，也不会招来怨气。心存感谢，可以产生喜气，同样引来喜气。在充满喜气的环境中，工作效率高些、工作绩效好些，等于提高激励的功效，应该是不争的事实。具有感谢的心态，相当于自我激励，也就是可以收到自我激励的效果。

要不要感谢？决定权在自己，而不在别人。自己心怀感谢，别人根本阻碍不了，也无从破坏。如何明了感谢的本质？怎样保持感谢的心情？对激励者和被激励者双方都十分重要，必须花一些时间加以探究。

本节小结

心存感谢，其实是最好的自我激励。时时保持感谢的心态，不致埋怨、气愤，而且有与人分享的雅量，当然受到大家的欢迎。拥有感谢之情，必然产生十分愉快的心情。这种心情会带来一整天的幸运，处事顺利、处人和谐，势必更为感谢，从而构成良性循环，不断自我激励，效果当然愈来愈好。

思考

1．你对自作自受有什么感想？

2．为什么说做到合理的不公平就好？

3．你的自我激励做得如何？

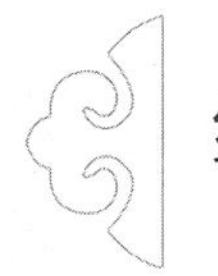

结束语

激励，应该是日常生活中的一部分。无论工作、休息、娱乐或进修，都可以衡量情境，实施有效的激励。

尊重与关怀，是激励的不二法门。我们所期望的，乃是同人自动自发地达成合理的目标,绝不是“花一些钱叫人家卖命”。中国人爱惜生命，最好不要让他拼命，否则他会更加小心而自行节制。领导太过明显的激励行为，容易引起下属的猜测，认为领导既然有此偏爱，大家就一窝蜂群起仿效。存心应付领导而偏离目标的现象，领导应该负起主要责任。

为了激励而发起某种运动，短期间内可能响应十分热烈，但也免不了制造若干假象，鱼目混珠，弄得真假难分，引起大家的非议。不久热潮一退，似乎又恢复运动前的状态，令人怀疑当时运动所获得的成果是哪里来的，又到哪里去了？

不断以运动的方式来激励，等于刺激再刺激，之后的激励就要一次比一次更加剧烈，才有吸引力。激励的程度愈来愈高，令人无以为继，结果害惨了受激励的人。

所以，激励应该是双方面的事，彼此必须密切配合，才能恒久有效。激励者谨慎行事，不可随意加重刺激，巧立名目，把被激励者的胃口弄得奇大，然后因不满足而痛苦不堪。被激励者应该明白，自己来自内心的激励才是最真实可靠而且经久耐用的，希望依赖外来的激励，势必使自己沦为他人的奴隶。

双方建立共识，一切公正地以“有本事就来拿”为原则，拿不到怪自己，不要怨天尤人。自己再接再厉，总比寄望于他人的激励来得牢靠。下回再来，接受合理的不公平，自然心安理得，走上自力奋发的坦途。